LA
SCULPTURE FUNÉRAIRE EN FRANCE
AU XVIIIE SIÈCLE

Thèse pour le Doctorat d'Université
présentée à la Faculté des Lettres de l'Université de Paris

PAR

Mme Florence INGERSOLL-SMOUSE

PARIS
JOUVE & Cie, ÉDITEURS
15, rue Racine, 15

1912

THÈSE

POUR

LE DOCTORAT D'UNIVERSITÉ

FACULTÉ DES LETTRES DE L'UNIVERSITÉ DE PARIS

LA
SCULPTURE FUNÉRAIRE EN FRANCE
AU XVIIIᵉ SIÈCLE

Thèse pour le Doctorat d'Université
présentée à la Faculté des Lettres de l'Université de Paris

PAR

Mˡˡᵉ Florence INGERSOLL-SMOUSE

PARIS
JOUVE & Cⁱᵉ, ÉDITEURS
15, rue Racine, 15

—

1912

A M. HENRY LEMONNIER

Professeur d'histoire de l'Art, à la Faculté
des Lettres de l'Université de Paris

*Hommages de respect et de recon-
naissance.*

F. Ingersoll-Smouse

LISTE DES ABRÉVIATIONS

Arch. mus. mon. fr. — Les Archives du musée français (de l'Inventaire des richesses d'Art de la France) 3 vol Paris, 1885.

Bibl. nat. — La Bibliothèque nationale.

Dict. art. fr. — Dictionnaire des artistes de l'École française par De la Chavignerie, 2 vol. 1886. Paris.

Dict. sculp. fr., t I. — Dictionnaire des sculpteurs de l'École française du moyen-age au règne de Louis XIV, par Stanislas Lami. Paris, 1898, in-4.

Dict. sculp. fr., t. II. — Dictionnaire des sculpteurs de l'École française sous le règne de Louis XIV, par le même auteur. Paris, 1906.

Dict. sculp. fr., t. III et IV. — Dictionnaire des sculpteurs de l'École française au xviiie siècle, par le même auteur, 2 vol. Paris, 1910.

Germ. Brice, Nouv. desc. Paris. — Nouvelle description de la Ville de Paris, par Germain Brice, éd. de 1717 et de 1725. Paris, 4 vol. in-12.

Invent. rich. Art. Fr. — Inventaire des richesses d'Art de la France. Paris, 1886 et suiv.

Millin, Ant. nat. — Les Antiquités nationales, par Millin, 1791, 1792. Paris, 5 vol.

Pign. Force, Desc. Paris. — Description de la Ville de Paris, par Piganiol de la Force, éd. de 1764. Paris, in-12.

Raunié, Épit. — L'Épitaphier du Vieux Paris, par Émile Raunié 3 vol, in-folio. Paris, 1890, 1893, 1901.

LA SCULPTURE FUNÉRAIRE EN FRANCE

AU XVIIIᵉ SIÈCLE

INTRODUCTION

LA SCULPTURE FUNÉRAIRE EN FRANCE DEPUIS LA RENAISSANCE JUSQU'EN 1690

On a étudié à fond l'histoire du tombeau du moyen âge ; on en connaît tous les changements de goût, presque chaque nuance. Mais, chose curieuse, toutes les études se sont arrêtées à la Renaissance ou plutôt à la mort d'Henri III avec laquelle se terminent les grands ensembles funéraires des rois de France. Si nous laissons de côté quelques critiques plus ou moins vagues, nous constatons qu'on n'a jamais cherché dans la sculpture funéraire du xvⁱⁱᵉ et du xvⁱⁱⁱᵉ siècles, les idées générales, la conception directrice ou les éléments employés pour exprimer la conception.

C'est notre dessein d'étudier la sculpture funéraire en France au xvⁱⁱⁱᵉ siècle. Cependant lorsqu'on l'examine, on voit bientôt qu'elle n'a continué que les éléments décoratifs et les types qui eurent leur

origine au xviie siècle, quelquefois même à la Renaissance.

Les difficultés d'une telle étude sont nombreuses :
le petit nombre de tombeaux qui restent, et leur état
incomplet, l'ambiguïté des descriptions de ceux qui
sont détruits, et la médiocrité des gravures qui, bien
qu'elles en donnent la composition, sont tout à fait
insuffisantes au point de vue du style et de la manière
de traiter le sujet, détail extrêmement important aux
périodes de transition. Prenez par exemple le tombeau de Catherine Duchemin, femme de Girardon (1),
qui, en gravure, semble froid, en plein xviie siècle
tandis que le tombeau lui-même est un exemple très
mouvementé de la sculpture de transition.

Pour cette étude, les grands ensembles funéraires
du xvie siècle nous intéressent uniquement par certains éléments que le tombeau du xviie siècle leur
empruntera. En premier lieu, ce sont les quatre
vertus cardinales qui perdent, avec le tombeau de
François II de Bretagne (2) (1502-1507), leur caractère purement décoratif et deviennent de vrais personnages. La difficulté que fit naître l'introduction
de ces figures, c'est-à-dire la recherche d'un lien,
d'une unité entre les vertus et la statue du mort,
n'est résolue en partie que deux siècles plus tard,

---

1. Fragment à l'église de Sainte-Marguerite, Paris. Voir plus
loin chapitre Ier.

2. A la cathédrale Saint-Pierre de Nantes. Voir *Michel Colombe
et la sculpture française de son temps*, par Paul Vitry. Paris,
1910, in-4°.

quand on considéra le tombeau comme une scène mouvementée et dramatique. Sous les mains des Juste, dans le tombeau de Louis XII (1514-1531) et dans tous les monuments funéraires qui le suivent, elles ne restent pas françaises et vêtues à la contemporaine comme elles le sont dans le chef-d'œuvre de Michel Colombe, mais elles deviennent impersonnelles, théâtrales, caractères qu'elles ont gardés jusqu'aujourd'hui. Quelquefois comme dans les mausolées de Louis de Brézé (1) (vers 1536) et de Claude de Guise (2) (1550), les vertus reprennent leur caractère décoratif en servant de cariatides.

A d'autres égards, le mausolée de Louis XII et d'Anne de Bretagne est intéressant, comparé à ceux du XVII° siècle, parce qu'il commence les grands ensembles d'architecture classique. Ce petit édifice à deux étages, qui devient vraiment grandiose dans les mausolées classiques de François I° et d'Henri II (3), inspire une longue série de monuments analogues. Mais vers la fin du XVI° siècle on voit apparaître un autre

---

1. A la cathédrale de Rouen.

2. A Joinville, voir *la Sculpture à Troyes et dans la Champagne méridionale au XVI° siècle*, par MM. Koecklin et Marquet de Vasselot, p. 307. Paris, 1900, in-4°.

3. Le dessin (gravé par Née d'après Fr. Porbus) pour un monument funéraire d'Henri IV est une faible imitation des grands mausolées du siècle précédent. Mais au même temps, il montre un essai d'unifier le priant avec la composition générale. Au milieu d'un petit temple qui est surmonté d'une victoire et de trois anges qui sonnent de la trompette, le roi agenouillé est couronné par deux femmes tandis qu'un petit génie lui montre un livre.

élément qui modifie profondément la disposition
architecturale du tombeau. Le priant, au lieu d'être
placé sur une espèce d'édifice dégagé de quatre
côtés, se trouve soit dans un portique adossé, avec
fronton, colonnes, couronnement, etc., soit sur une
architrave également adossée, supportée par des
colonnes ou par des cariatides.

L'adossement du tombeau français au xviie siècle,
contrairement au sarcophage à quatre côtés du
moyen âge, fut un emprunt à l'Italie. On a dit souvent que la cause de cette modification fut l'encom-
brement des églises en ce temps-là. Mais cela n'aurait
pas été vrai pour les grands seigneurs qui avaient
comme autrefois à leur disposition une chapelle
entière (comme par exemple pour le tombeau
d'Henri de Montmorency qui occupe une chapelle
latérale de l'église de Moulins) mais qui choisissaient
volontairement le tombeau adossé contre le mur.

Comme la sculpture, l'histoire du tombeau en
France au xviie siècle se divise assez nettement en
deux parties: en premier lieu la période de Louis XIII
qui continue jusqu'au gouvernement personnel de
Louis XIV et en second lieu celle qui s'étend de cette
date à 1690, année de la mort de Le Brun où com-
mence la période de transition entre l'art du xviie siècle
et l'art de Louis XV proprement dit.

*La sculpture funéraire du xviie siècle jusqu'au
gouvernement personnel de Louis XIV (1661).* —
La première de ces deux périodes n'introduit pas

grand chose de nouveau. Elle continue en général la conception de la Renaissance.

Jusqu'à 1661 à peu près, les types de priant et de demi-couché restent les plus populaires. La statue du mort était ou placée dans un portique classique ou supportée par une architrave qui forme le deuxième étage du tombeau dont le premier consiste en colonnes et quelquefois en un sarcophage. On voit souvent (1) sur le sarcophage, au premier étage une autre statue du mort, continuation de l'idée des statues de vivant et de mort que l'on rencontre sur le tombeau de Louis XII. Mais cette faible imitation d'un sculpteur du XVIIe siècle est peut-être l'idée la plus illogique de l'histoire du tombeau parce que nous n'y trouvons que deux statues du mort, différentes seulement par l'attitude, et, quoique les effigies soient parfois assez saisissantes, elles n'ont en réalité aucune espèce de raison d'être.

La sculpture funéraire de cette époque conserve en général le sens réaliste dans la traduction des traits caractéristiques de la physionomie et du costume contemporain.

Avant de considérer les grands sculpteurs de cette période comme Sarrazin et François Anguier, il faut dire quelques mots sur un sculpteur de province qui n'exerça pas d'influence sur l'Art de son temps,

---

1. Des exemples assez importants de ce type sont les tombeaux de Catherine de Clèvs et d'Henri de Guise qui se trouvent à la chapelle du collège d'Eu (Seine-Inférieure).

mais dont l'œuvre funéraire est néanmoins remarquable en elle-même.

Nicolas Blassel(1) (1587-1659) sculpteur amiénois, offre l'exemple unique d'un artiste qui, au milieu des tendances classiques, emploie une iconographie funéraire franchement chrétienne. Tous les tombeaux qu'il a exécutés sont du type de priant (2), unifié par l'introduction de la Vierge ou des saints patrons ou d'une scène religieuse.

A la première classe appartiennent les tombeaux de Chanoine Lucas (1628-35) et de Jean de Sachy et de sa femme (1644), tous les deux à la cathédrale d'Amiens. Dans le dernier, la Vierge avec l'enfant est debout au centre, pendant qu'aux deux côtés s'agenouillent les époux, exactement d'après la manière des tableaux à donateurs du moyen âge. On peut opposer cette composition à celle du mausolée de Louis de Brézé où il est presque impossible de trouver la Vierge qui est placée derrière les colonnes, aux pieds du cadavre du grand sénéchal.

La Vierge garde sa place importante dans le tom-

-----

1. Voir *l'Œuvre de Blassel, célèbre sculpteur amiénois*, par M.A. Dubois. Amiens, 1862, et *le Livre des Epitaphes inventées par M. Blasset d'Amiens* à Paris chez Drevet. On y voit des dessins de tombeaux de beaucoup de types.

2. C'était probablement la première disposition qu'on employait dans les premiers tombeaux du type de priant. Voir celui de la femme de Philippe III, Isabelle d'Aragon, à Cosenza (Calabre) cité par M. Mâle (*l'Art religieux à la fin du moyen âge*, 1908, p. 465-66). On voit la même manière de grouper dans les tableaux et les vitraux à donateurs.

beau (1) que Blassel exécute en 1641 pour Jacques Mouret. Pagès a laissé une description de cette œuvre malheureusement perdue :

« La Vierge, de grandeur naturelle, est assise et tient l'Enfant Jésus entre ses bras. Au-dessus, on voit la figure de la Mort qui, couchée et à demi-enveloppée d'un suaire, présente une couronne de laurier à Jésus-Christ (2). »

Cette description trop courte fait ressortir un fait très significatif. C'est l'apparition déjà en 1641 de l'allégorie où la Mort, sous la forme d'un squelette, joue un rôle. Mais, en même temps, il faut se souvenir de la grande différence entre la Mort vaincue par des personnages chrétiens et la Mort qui lutte dans les allégories grandioses du xviiie siècle. On voit un très intéressant exemple de ce dernier genre en germe, dans un tombeau par Gérard Van Opstal (1594-1668) qui date des années comprises entre 1630, l'année de son entrée à Paris, et 1668 : « Dans l'église des Incurables on voit de lui les figures posées sur le tombeau de messire Jean-Baptiste Lambert, conseiller et secrétaire du roi. Elles représentent la Foi et l'Espérance et au-dessous de la table où est gravée l'épitaphe, paraît la figure de la Mort, armée de son dard qui poursuit des génies de la Douleur, en forme d'enfants. Les uns fuient devant elle. Mais d'autres veulent arrêter sa course pour exprimer que

---

1. Autrefois au cimetière Saint-Denis, Amiens.
2. Cité par Dubois, p. 38.

la Mort brave la résistance des jeunes gens et, par
là, faire allusion au trépas de M. Lambert qui était
encore jeune quand il mourut. (1) »

Les tombeaux de Claude Pierre (1652) (2), d'Antoine
Niquet et du jeune Blassel (3) forment un groupe ou
un saint patron remplace la Vierge. Le mausolée du
fils du sculpteur représente l'enfant agenouillé et
conduit par le petit saint Jean-Baptiste, son patron,
et par l'Enfant Jésus. C'est le tombeau d'enfant par
excellence. Dans le monument funéraire d'Antoine
de Baillon, le mort s'agenouille devant un Christ à
la colonne, thème curieux qu'on voit aussi dans une
autre œuvre à la cathédrale d'Amiens, savoir le tombeau de Pierre Burvy (xvie siècle).

L'église de Saint-Rémi d'Amiens contient le mausolée (1632) de Nicolas Le Lannay et de sa femme.
Cette œuvre est la seule de Blassel qui manque
d'unité. Le fond est divisé en trois niches dont l'une,
celle du centre, est occupée par un ange. Aux deux
côtés du portique s'agenouillent les époux qui,
comme presque toujours dans les tombeaux de ce
genre, n'ont aucun rapport l'un avec l'autre ou avec
l'ange. Le soubassement est orné de figures couchées
nues d'après la manière du tombeau de Henri II, conception pas en harmonie avec le génie de Blassel.

---

1. *Mémoires inédits sur la Vie et sur les Ouvrages des membres
de l'Académie royale de peinture et de sculpture, etc.*, publiés
par MM. Dussieux, Soulié, etc. Paris, 1854, t. I, p. 178.
2. A la cathédrale d'Amiens.
3. Au musée d'Amiens.

Au soubassement, se trouvent les quatre figures des vertus cardinales en marbre blanc incrusté dans le marbre noir.

En 1657, notre sculpteur se rendit à Abbeville où on lui attribue la décoration en marbre blanc de l'épitaphe de Gabriel Briet (1), qui remplace celle du tombeau de Martin Galand et de Marguerite Boistel par François Cressent (2).

On y remarque un enfant appuyé sur une tête de mort et soufflant des bulles de savon qui rappelle l'ange pleureur si célèbre du tombeau du chanoine Lucas.

Puis, Blassel est l'auteur présumé de la statue de l'Enfant Jésus écrasant la tête du serpent qui décore l'épitaphe de Charles Vitry à la cathédrale d'Amiens. Ce thème fut peut-être imité plus tard par Robert Le Lorrain, dans le tombeau de Joseph Benoit (3).

Mais ce genre de tombeau choisi par Blassel fut une exception (4) au xviie siècle comme en général,

---

1. A la cathédrale d'Abbeville.

2. Vers 1708-1710. Autrefois à la chapelle de l'Oratoire d'Amiens. Voir *Dict. sculp. fr.*, t. II, p. 137.

3. Voir plus loin chap. I.

4. Cependant il était très populaire en Flandre. Le tombeau d'Eugène d'Allamont par Jean Delcourt (1673) à la cathédrale de Gand en est un exemple remarquable. Le prélat est agenouillé devant un squelette qui lui montre un rouleau. A droite et à gauche sont la Vierge avec l'enfant et saint Michel, les adversaires de la Mort. On y voit le même genre de l'allégorie chrétienne que nous avons noté dans le tombeau de Jacques Mouret, par Blassel. Reproduit par Henri Rousseau. *La Sculpture en Belgique aux xviie et xviiie siècles*. Bruxelles, 1911, p. 76.

même au siècle précédent, le personnage religieux disparut et on ne voit que le priant agenouillé devant un prie-Dieu dont le livre est quelquefois supporté par un ange.

Dans les tombeaux de famille de ce type, on n'essaye pas d'introduire l'unité entre les priants. Par exemple celui de la famille de Rostaing (1) ne comprend que deux statues agenouillées sans rapport l'une avec l'autre.

Jacques Sarrazin 1588-1660. — L'œuvre funéraire de Sarrazin résume les tendances contradictoires du temps, tantôt réaliste, tantôt classique.

Probablement le premier monument funéraire exécuté par lui, fut le fameux monument du cœur de Louis XIII (2), commandé par Anne d'Autriche en 1643. Il se composait de deux anges d'argent qui tenaient, en volant, le cœur du roi, au-dessus d'une arcade qui était décorée de quatre bas-reliefs des vertus.

La Douleur représentée sur le médaillon ovale qui

------

1. Autrefois au couvent des Jacobins. Aujourd'hui à l'église Saint-Germain-l'Auxerrois. Exécuté vers 1645. L'architrave du premier étage est supporté par deux cariatides (V. Millin, *Ant. Nat.*, t. I, n° 5, planche 3, p. 15).

2. Autrefois à l'église des Pères de Jésus (à gauche du maître-autel). Détruit sauf les quatre bas-reliefs qui se trouvent au musée du Louvre (nᵒˢ 818-819-20-21). Voir *le Mercure de France*, janvier 1738. Le monument du cœur de Louis XIV exécuté par Guillaume Couston l'aîné, en 1714, était tout à fait semblable en composition à l'œuvre de Sarrazin. Jeté au creuset en 1804. Voir *Dict. sculp. fr.* t. I, p. 117-118.

servait de monument à Dreux Hennequin (1) (1651) est intéressante seulement parce qu'elle montre que l'on commence déjà à se préoccuper de l'allégorie.

Le monument du cœur d'Henri II de Condé (2), le dernier ouvrage de Sarrazin, est un exemple de l'allégorie encore sans action de la première moitié du siècle. L'œuvre se compose de quatre figures en bronze assises (autour du soubassement circulaire), représentant les vertus cardinales, et de deux génies, l'un tenant une épée et l'autre une table sur laquelle se trouve l'inscription. Le soubassement est décoré de quatorze bas-reliefs dont les quatre grands représentent en allégories les triomphes de la Renommée, de la Vérité, du Temps et de la Mort d'après Pétrarque. Ce dernier « où le squelette monté sur un char lance ses traits sur la foule, offre une certaine grandeur et même un réalisme assez puissant (3) ».

Les deux monuments de priant (4) pour le cardinal de Bérulle, exécutés vers 1656-1657, ne présentent aucune caractéristique qui mérite d'être signalée.

François Anguier, 1613 (?)-1669. — L'œuvre funé-

---

1. Au musée du Louvre n° 822. Autrefois au Prieuré de Sainte-Croix-de-la-Bretonnerie (Voir Raunié *Épit. du Vieux Paris*, vol. III, 1901, p. 447).

2. A la chapelle du château de Chantilly. Autrefois à l'église des Jésuites de la Place Royale (Voir le dessin de Gaignières, Bibl. nat., Cabin. des Estampes, p. e. II a f. 291).

3. *L'Art français au temps de Mazarin et de Richelieu*, par M. Henry Lemonnier. 1893. Paris in-12, p. 390.

4. L'un au musée du Louvre, l'autre au collège de Juilly.

raire de François Anguier (1) montre les mêmes tendances que celle de Sarrazin.

Le tombeau de Jacques-Auguste de Thou (2) (dont
la statue exquise de sa seconde femme, Gasparde de
la Châtre, est un véritable chef-d'œuvre) avec les
trois priants sur une architrave supportée par des
colonnes, est un exemple du souci réaliste qu'on
voyait aussi dans le tombeau du cardinal de Bérulle
où le prélat était représenté agenouillé devant un
prie-Dieu, dont le livre était supporté par un ange.

Mais les quatre autres tombeaux exécutés par
Anguier ont une tournure toute différente.

En 1651, il fut appelé à Moulins pour y élever un
monument (3) à Henri de Montmorency, décapité
en 1632. Achevé en 1658, l'ensemble reste le mausolée le plus considérable que le XVIIᵉ siècle ait produit avant 1661. Plus de priants vêtus à la mode
contemporaine. Le classicisme y règne en maître. Le
fond se compose d'un grand portique adossé avec
un fronton. De chaque côté du portique sont debout,
par une juxtaposition curieuse, Mars et la Religion.
Le centre du portique est occupé par un sarcophage
sur lequel sont la statue demi-couchée de Henri et sa
femme priant, tous les deux vêtues à l'antique. Au

---

1. Voir *les Frères Anguier*, par Henri Stein (Réunion des
Sociétés des Beaux-Arts et des départements), 1889. Paris
p. 527-609. Et tirage à part.
2. Au musée du Louvre, nᵒˢ 487-488-489 (Autrefois à l'église
de Saint-André-des-Arts).
3. À la chapelle du lycée de Moulins.

soubassement sont deux statues assises d'Hercule et d'une femme allégorique.

Ce classicisme grandiose, froid, et impersonnel, se continue dans les tombeaux de Jacques de Souvré(1) et d'Henri Chabot (2) où Anguier a adopté le nu pour le personnage principal, monuments du type de demi-couché encadré d'un portique. Mais s'ajoutant à ces éléments classiques, nous trouvons dans ces deux œuvres quelque chose de plus remarquable. C'est l'apparition d'une nouvelle conception de la figure du mort. Il n'est plus calme mais il souffre les douleurs de la mort. En un mot c'est l'entrée du drame. Chabot fut « représenté mourant, enveloppé sur son sarcophage dans son manteau ducal dont un génie ailé le couvre en gémissant, pendant qu'un autre, également affligé, lui soutient la tête ». Souvré est représenté dans une attitude à peu près semblable, mais au lieu des deux génies, on n'en voit qu'un seul qui supporte le bras droit du guerrier mourant.

Ces deux tombeaux sont très significatifs: ils annoncent le genre qui doit être celui de la période qui s'étend à peu près de 1661 à 1690. La première moitié du siècle n'a fait autre chose que continuer les traditions et la conception du tombeau du siècle précédent, qui elle-même n'était pas originale car elle était essentiellement la continuation de la conception du moyen

1. Musée du Louvre n° 486.

2. Autrefois au couvent des Célestins, chapelle d'Orléans, Paris (Voir Millin, *Ant. nat.*, 1791-1792, t. I, n° 3, pl. XI, p. 53). Gravure par Ph. Charpentier.

âge. Après 1661, le tombeau va, peu à peu, être considéré comme une scène dramatique. C'est par suite de cette nouvelle conception qu'on voit se développer l'unité de la composition, c'est-à-dire que les figures ne sont plus décoratives mais qu'elles sont unies par un commun intérêt (qui est en général fourni par un moment dramatique). Je ne dirai pas qu'on comprend parfaitement cette conception pendant les années qui nous occupent. En effet, elle reste indécise pendant la période de transition, c'est-à-dire de 1690 à 1720, et elle n'atteint sa parfaite expression que dans les chefs-d'œuvre de quelques grands sculpteurs du xviiie siècle. Mais déjà en 1661 elle devient de plus en plus l'idéal des artistes, très souvent sans beaucoup de succès. La sculpture funéraire chrétienne n'a produit que deux conceptions : le gisant et le priant calme du moyen âge et le groupe dramatique de l'art moderne.

Quelles sont les causes de ces changements et qui en sont les auteurs ? Ce sont d'abord l'influence du Bernin, dont les deux grandes créations funéraires (les tombeaux d'Alexandre VII et de la Bienheureuse Louise Albertoni) datent de 1670 à 1675, et en second lieu celle de la peinture sur la sculpture qui se manifeste surtout dans les dessins de Le Brun.

Les neuf premiers tombeaux des treize exécutés par le Bernin, ne sont que de simples épitaphes décorées. Les monuments de l'évêque Santoni (1) (à

----

1. Reproduit par Fraschetti.«Il Bernini, la sua vita, la sua opera il suo tempo », Milan, 1900, in-4°, p. 10.

l'église Santa Prassede, Rome) et de Mgr. Montoya(1) (à l'église San Giacomo degli Spagnuoli) qui furent exécutés en 1612, c'est-à-dire quand le sculpteur n'avait que quatorze ans, ne sont que de simples inscriptions surmontées d'un fronton brisé qui encadre le buste du défunt. Celui du cardinal Bellarmini (1622) (2), bien qu'il y ait de chaque côté une femme allégorique, a la même donnée. On peut dire la même chose des tombeaux du cardinal Delfino (1623) (3), d'Antoine Nigrita (1629) (4) et de Giovanni Vigevano (1631) (5).

La chapelle funéraire Raimondi de l'église Saint-Pierre à Montorio (6) qui fut dessinée par Le Bernin vers 1636, bien que exécutée en grande partie par ses élèves, est très importante si on la compare aux œuvres de ce genre faites par les sculpteurs italiens

---

1. Voir Fraschetti, *op. cit.* p. 13.

2. A l'église de Jesù, Rome (Voir Fraschetti, *op. cit.*, p. 33-35).

3. A l'église de San Michele, Venise (Voir Fraschetti, *op. cit.*, p. 35).

4. Dans la sacristie de Santa Maria Magiore, Rome. Reproduit par Fraschetti, *op. cit.*, p. 79.

5. A l'église de Santa Maria sopra Minerva. Reproduit par Fraschetti, p. 87. Le monument du général Barbarini (à l'église de l'Ara Coeli, reproduit par Marcel Reymond dans *le Bernin*, Paris 1911, planche VI, p. 30 et par Fraschetti, p. 90) qui fut exécuté en 1630 n'est qu'une épitaphe ornée de deux femmes allégoriques comme celui du cardinal Bellarmini. Le tombeau de la comtesse Mathilde qui fut exécuté vers 1635 (à Saint-Pierre, Rome), bien qu'il contint ses cendres, est plutôt un monument d'un personnage presque légendaire à cette époque et en conséquence s'éloigne un peu de notre sujet.

6. Deuxième chapelle du bas-côté du nord (Voir Fraschetti, p. 88). Exécuté par Niccola Sale.

du XVIIIᵉ siècle, car c'est là qu'il faut chercher les créations les plus notables dans la sculpture funéraire de cette époque. L'autel de cette chapelle qui est orné d'un bas-relief représentant saint François ravi au ciel par des anges, forme, pour ainsi dire, le centre de l'intérêt. De chaque côté de l'autel, adossé contre le mur se trouve une statue funéraire agenouillée, vue de face et non de profil d'après la mode française. Deux petits pleureurs sont assis de chaque côté du sarcophage qui porte la statue funéraire. Les sarcophages des deux monuments sont également ornés de bas-reliefs dont l'un, sur le mur de l'ouest, représente le Jugement dernier (1). On y voit des anges munis de trompettes d'un |caractère tout à fait académique, tandis que les squelettes sortant de leurs cercueils forment avec eux un étrange contraste.

En un mot, la chapelle Raimondi est assurément un effort du Bernin fait pour réaliser l'unité dans la chapelle funéraire, c'est-à-dire pour grouper les statues funéraires autour de l'autel qui représente, pour lui, le centre de l'intérêt. Malheureusement les deux statues ne tournent pas les yeux vers l'autel et l'effet de l'ensemble est en partie détruit. Cependant cet essai en 1656 est à signaler car Le Bernin voulut répéter son idée en 1664 quand il fit des projets pour la chapelle des Bourbons à Saint-Denis et pour le tombeau

---

1. Le modèle en terre cuite du Bernin se trouve à la sacristie de l'église de Sainte-Marie, in Trastevere. Reproduit par Fraschetti, p. 89.

de Richelieu que nous verrons. L'idée était si bien
calculée pour plaire aux sculpteurs italiens qu'ils ne
trouvèrent rien de mieux que de la développer à
leur aise : la chapelle Ginetti (1), œuvre délicieuse
d'Antonio Raggi en est l'exemple le plus parfait.
Mais ce genre, bien qu'il ait produit en Italie des
œuvres remarquables, fut tout à fait inconnu en
France et par conséquent ne saurait trouver place
dans notre étude.

Avec les tombeaux d'Alexandre Valtrini (1639 (2)
et de Maria Raggi (1643) (3), nous avons au lieu
d'un buste le défunt représenté en médaillon, sur
un rideau de bronze. Le médaillon de l'un est supporté par un squelette de marbre blanc, celui de
l'autre par deux petits anges. Dans le tombeau de
Maria Raggi, Le Bernin a employé la polychromie
jusqu'à l'absurdité. Le médaillon même de la défunte
est en bronze doré.

Dans le monument d'Urbain VIII (4) (1642-1647) où
la statue assise du pape surmonte un assez haut piédestal devant lequel se trouve un sarcophage, on voit
apparaître quelque chose de nouveau. Cette nouveauté consiste en l'introduction d'un squelette qui,
assis au milieu du sarcophage, inscrit le nom du pape
dans un livre, et surtout en la représentation de

1. Dans l'église Santa Andrea delle Valle, bas-côté à gauche,
première chapelle.
2. A l'église San Lorenzo Damase (Voir Fraschetti, p. 82).
3. A l'église Santa Maria sopra Minerva (Voir Fraschetti, p. 86).
4. A Saint-Pierre de Rome (Voir Fraschetti, p. 151-158.)

deux Vertus, la Charité et la Valeur, qui sont debout de chaque côté. Ce sont elles qui introduisent l'élément encore faible et indécis de l'unité dans l'action et dans le drame.

La renommée du groupe de sainte Thérèse fait oublier que la chapelle Cornaro (1) (1646) où il se trouve, est en effet une chapelle funéraire du même genre que la chapelle Raimondi. Au mur du nord ou plus exactement du nord-ouest, quatre gentilshommes se penchent sur le balcon d'une niche de marbre multicolore qui ressemble tout à fait à une loge de théâtre (2). Ils regardent sainte Thérèse qui, comme le bas-relief de la chapelle Raimondi, con centre l'intérêt. Au mur du sud on ne voit que trois gentilshommes dont l'un est probablement un portrait du cardinal Cornaro. Mais tandis que la chapelle Raimondi n'est qu'un faible essai, la chapelle Cornaro exécutée dix ans plus tard (1646) est le développement parfait de cette conception nouvelle. On peut noter, en passant, que les gentilshommes assis dans leurs loges ne regardent pas pieusement l'autel. C'est pour eux un spectacle de théâtre ou d'opéra qui les intéresse plus ou moins.

L'élément de l'action et du drame devient un peu plus considérable dans le tombeau du cardinal Pimen-

---

1. A l'église de Santa Maria della Vittoria (Voir Fraschetti, *op. cit.*, p. 177).

2. Cette idée théâtrale fut employée par Francesco Cavallini dans les tombeaux Bolognetti qui se composent de groupes d'hommes placés au-dessus des confessionnaux de la nef de l'église Jesu e Maria al Corso à Rome.

tal (1) (1653) qui se trouve à l'église de Santa Maria sopra Minerva. Bien qu'il ait été exécuté en grande partie par ses élèves, le dessin en est du Bernin et il sert de transition entre les deux grands monuments des papes. Le cardinal, vêtu de son costume ecclésiastique, est agenouillé sur un sarcophage qui est supporté par un assez haut soubassement portant l'inscription. De chaque côté du sarcophage se trouvent aussi deux Vertus, la Charité à gauche et la Foi à droite dont la douleur très véhémente marque un certain progrès sur les Vertus du tombeau d'Urbain VIII.

C'est pendant le fameux voyage à Paris entre juin et octobre 1665, que le Bernin fit des projets pour la chapelle des Bourbons à Saint-Denis et pour le mausolée de Richelieu.

Dans le journal de Chantelou (2) du 28 septembre, on lit que le sculpteur « a ajouté qu'il avait projeté de faire les sépultures des Bourbons de sorte qu'elles regarderaient directement sur l'autel de saint Louis qui est le principal de l'église et qu'aussi elles seraient en vue des cérémonies et prières de l'église ; que cela lui semblait convenir mieux que de faire un corps séparé comme la chapelle des Valois qui n'a point de vue à l'autre ; qu'il trouve dans son dessin vingt ou vingt-cinq rois d'une manière extraordinaire, les mettant cinq ou six dans un même réduit en action

---

1. Reproduit par Fraschetti, *op. cit.*, p. 219.
2. *Journal du voyage du Cavalier Bernin en France*, par M. de Chantelou, édité par L. Lalanne. Paris, 1885, p. 186.

de priants, dans les différentes actions appuyés comme sur une espèce de balustrade et en forme d'histoire; sur laquelle bulustrade serait un grand tapis avec des coussins et au-dessous leur tombeau ; derrière ces figures, des tableaux de mosaïque, afin d'orner davantage ; et que ces tombeaux et leurs ornements seraient de marbre noir avec de l'or ».

On voit de cette courte notice du projet, que le Bernin avait encore en tête l'idée des chapelles Raimondi et Cornaro : des priants groupés autour d'un autel. La chapelle des Bourbons serait beaucoup plus grande, le nombre de priants étant élevé de deux à vingt ou vingt-cinq, mais la conception reste la même.

Mais ce qui est infiniment plus important c'est le passage du journal qui établit le fait que le Bernin ait donné des dessins pour le mausolée de Richelieu : « L'on a longtemps discouru sur le lieu et la façon de la sépulture de M. le cardinal de Richelieu. Le Cavalier a dit qu'il avait fait un dessin pour le placer sous la coupe de l'église. Mme d'Aiguillon a reparti que l'intention de Son Éminence avait toujours été de se faire mettre en une action de s'offrir à Dieu et non pas d'être en priant qui est une manière trop ordinaire et d'être posé au lieu où il est. Le Cavalier a dit que, pour faire quelque chose de bien, il faudrait mettre l'autel comme il est à Saint-Pierre à Rome et qu'il faudrait mettre la sépulture de Son Éminence où est à présent l'autel et faire là quelque chose de grand et de magnifique. Elle a reparti que comme on avait proposé cela, l'on lui avait posé un inconvénient qui est que peut-être dans la suite du temps quelqu'un demanderait à être mis au lieu où est à présent le poêle (le drap mortuaire qui avait recouvert le cercueil du cardinal) de M. le cardinal et que peut-être messieurs de Sorbonne ne pourraient pas refuser cela quoique l'église entière soit de la fondation de Son Éminence ; que, d'autre part, on trouverait à redire qu'on eût déplacé le Saint-Sacrement pour y mettre la figure de M. le cardinal.

» Il a répondu à la première objection qu'on pourrait laisser, où est le poêle, une tombe qui occuperait la place et empêcherait que l'on ne pût la donner à d'autres, et à l'autre objection qu'il y avait plus d'inconvénient de faire une grande sépulture qui occuperait une place telle, de sorte que ceux qui viendraient faire leurs prières, au lieu de voir l'autre, ne verraient que le dos de la figure de M. le cardinal ; que si, au contraire, l'on faisait cette sépulture petite, elle serait indigne d'un si grand homme. Elle a reparti que pourvu que l'exécution en fût excellente, et du génie et de la conduite du Cavalier, elle serait toujours grande et belle. Il a répliqué que si la grandeur n'était dans le général de l'ouvrage, le particulier était peu ; qu'il revenait toujours à dire qu'il fallait mettre la sépulture dans le fond ou à une des ailes et l'autel au milieu de la coupe ; qu'ainsi faisant, le général et le particulier s'y pourraient trouver, mais qu'elle serait plus convenablement dans le fond ; que si elle prétendait faire un ouvrage où l'on ne trouvât point à redire et qui fût au gré de tout le monde, elle serait en cela plus heureuse que personne n'a jamais été. Tout cela ne satisfaisait point Mme d'Aiguillon qui désapprouvait absolument de mettre la sépulture dans l'aile pour ce, disait-elle, que M. le cardinal avait choisi le lieu où il était, en prenait à témoin partie des docteurs qui étaient là présents, et il était aisé de juger qu'elle eût bien voulu faire une grande chose mais à peu de frais. Le Cavalier qui a pénétré son intention a dit qu'il n'était pas venu pour discuter mais pour dire son intention, qui l'avait déjà déclaré et le répétait et ne pouvait faire autre chose. »

Ce passage (1) est fort intéressant sous plusieurs rapports. Il montre que le Cavalier, obsédé de l'idée de la chapelle Raimondi, avait voulu l'appliquer même à un seul tombeau et en conséquence n'avait pas profité de l'occasion qu'il avait de créer une grande composition dramatique, représentant « Son Éminence » en une action de s'offrir à Dieu. Cela était réservé à Le Brun. D'autre part, on a suivi le Bernin en tant que le tombeau actuel est placé en effet dans « une des ailes ».

Voilà tout ce qu'on sait sur le projet. Le journal du 16 octobre en fait la mention suivante : « Mme d'Aiguillon y est venue au sujet de la Sorbonne. » Mais malheureusement ce jour-là, comme

____

1. De Lalanne, le 9 octobre, p. 216.

Chantelou était malade, son frère avait raconté les événements de la journée et nous ignorons s'il y était question dans cette deuxième entrevue du premier dessin ou d'un autre fait d'après les idées de Mme d'Aiguillon.

Le tombeau d'Alexandre VII, également à Saint-Pierre, date de 1672 à 1678. « Une longue période de plus de trente ans s'est écoulée entre les deux tombeaux (ceux d'Urbain VIII et d'Alexandre) et c'est ce qui explique les profondes différences qui distinguent les deux œuvres. Dans la première, le Bernin, quoique déjà très novateur, se rattachait cependant à des traditions, à celles de Giacomo della Porta et de Michel-Ange; il était sombre dans son ornementation, épris de grandeur et de majesté, très sage, très classique encore, pourrait-on dire. Dans le tombeau d'Alexandre VII c'est le Bernin fantaisiste que nous trouvons, Le Bernin amoureux de richesse de décor, d'inventions nouvelles, plus savant encore, plus maître de toutes les ressources de son art (1).

» Il avait devant lui un intéressant problème à résoudre, placer adroitement son tombeau au-dessus d'une porte. Il ne se contente pas d'encadrer ou de surmonter cette porte, d'utiliser l'espace qu'elle laissait libre, il s'en empare et lui fait jouer un rôle important dans son œuvre. Elle devient la porte

---

1. *Le Bernin*, par Marcel Reymond. Paris, 1911, in-8°, p. 160-161. Voir aussi Fraschetti, p. 384-391.

même du tombeau d'où la mort, un squelette, s'élance soulevant le voile qui la cache et brandissant le clepsydre qui marque l'heure du trépas. » (1) Au-dessus sur un piédestal s'agenouille le pape. De chaque côté, parmi les plis de la grande draperie de bronze, se trouvent les Vertus qui donnent surtout le caractère dramatique à l'œuvre. D'après Marcel Reymond (2): « Dans ces deux tombeaux (ceux des deux papes) le Bernin a créé une autre nouveauté dont la critique lui a fait un deuxième grief: c'est d'avoir conçu le tombeau comme une scène animée, dans laquelle les figures, au lieu d'être isolées et indé-pendantes les unes des autres, participent à une même action et on lui a reproché d'avoir, en agissant ainsi, porté atteinte à la dignité de l'art. L'idée du Bernin est au contraire tout à fait irréprochable au point de vue de la pure doctrine. Elle est conforme à une des lois les moins incertaines de l'art, à celle de l'unité. Grouper dans une action commune toutes les figures d'un monument, les faire concourir à une scène unique, c'est une idée des plus ingénieuses et elle était tellement faite pour séduire que depuis lors et jusqu'à nos jours elle a été la loi même de tous les monuments funéraires. Le Bernin du reste a été très

---

1. Le sculpteur Roubiliac avait imité dans le tombeau de lord et de lady Nightingale cette disposition de la porte, quoiqu'il ne comprit pas qu'elle était nécessaire dans l'œuvre du Bernin. Voir chap. II.

2. *La Sculpture florentine, le XVIᵉ siècle et les successeurs de l'école florentine.* t. IV. Florence. Alinari frères. 1900, p. 212.

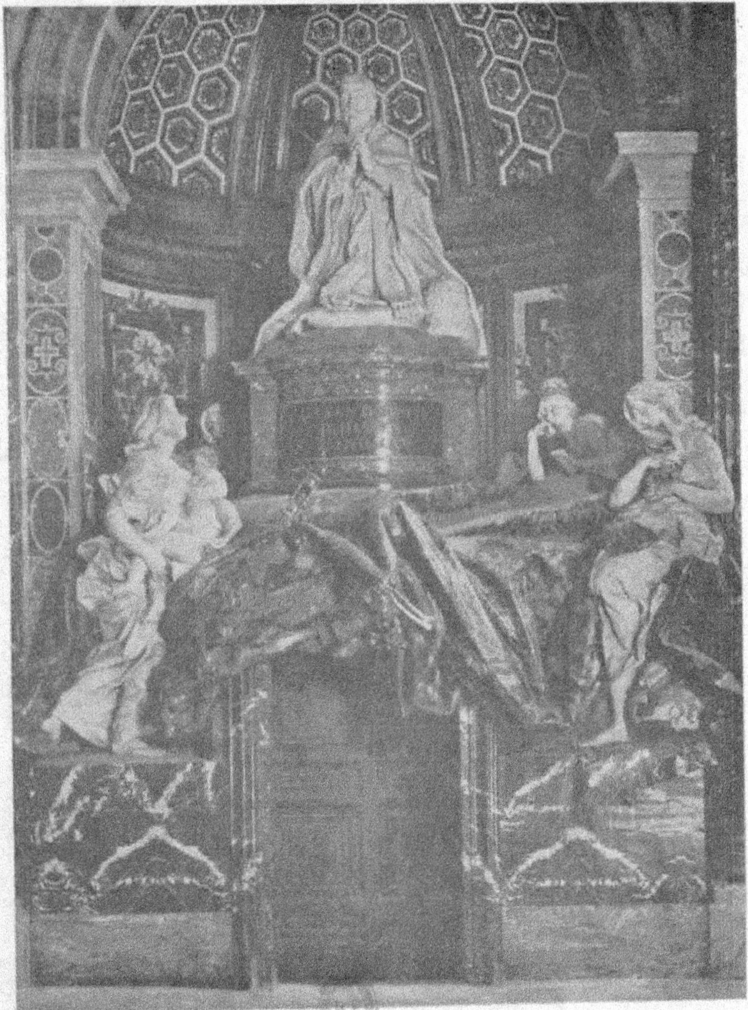

Mausolée d'Alexandre VII

par LE BERNIN

Saint-Pierre de Rome.

réservé dans l'usage de cette invention qui eut tant de succès après lui, et qui semble avoir atteint son apogée dans le tombeau du maréchal de Saxe de Pigalle. »

D'autre part, le sens du drame, de l'unité, vient plutôt du style du Bernin que de la conception ou de « l'action commune » de l'œuvre. L'idée du tombeau d'Alexandre VII, par exemple, est un peu confuse. Le pape prie, la Mort lui montre la clepsydre, et les Vertus pleurent la perte d'un tel pape. Nous y voyons une combinaison des éléments divers unifiés plutôt par le style mouvementé de l'artiste que par une idée centrale très nette qu'on trouve dans les tombeaux dessinés par Le Brun, c'est-à-dire ceux de Julienne Le Bé, de Turenne et de Richelieu.

Le Bernin lui-même et les sculpteurs italiens (1) ses contemporains ou ses successeurs du xviiie siècle, n'ont compris que superficiellement cette nouvelle conception funéraire.

Le dernier monument funéraire exécuté par le Bernin, celui de la Bienheureuse Louise Albertoni (2), date de 1675. La jeune femme mourante est étendue sur un sarcophage. Elle est vêtue des robes très lourdes de l'ordre des Carmélites. Sa figure et ses mains expriment une extase tout à fait semblable à celle de sainte Thérèse. L'œuvre, qui est plutôt une

---

1. A leur avis, exception faite aux chapelles funéraires, elle ne fournit que l'occasion des effets pittoresques.

2. A l'église San Francesco à Ripa. Rome. Voir Fraschetti, p. 396.

étude très pénétrante de la religion du temps, n'eût
pas une grande influence sur la sculpture funéraire.
Seulement on peut noter que le sarcophage qui sert
de lit de mort rappelle un peu celui du tombeau du
cardinal de Richelieu.

Quant à l'influence du Bernin, Pierre Marcel a
assurément tort quand il dit que « tous ces monuments (ceux de Julienne Le Bé, de Vaubrun et de
Turenne par Le Brun) trop pompeux rappellent Le
Bernin par leur caractère dramatique : Julienne Le
Bé, par exemple, à demi sortie de son tombeau, le
regard extatique, contemple l'ange du Jugement dernier : l'Abondance et la Religion éplorées à l'excès
veillent sur Colbert agenouillé et lisant un livre que
lui présente un ange » (1). Mais l'extase ou plutôt la foi
de Julienne Le Bé vieille et laide n'a rien de commun
avec la volupté d'une sainte Thérèse ou d'une Bienheureuse Louise Albertoni. Il est vrai que les deux
artistes ont employé la conception dramatique qui
avait son origine chez l'art jésuite ou pour mieux
dire dans la religion du temps. Le Bernin était
l'interprète des extases de sainte Thérèse tandis que
Le Brun était toujours modeste et froid. Puis, il était
impossible que Le Brun eût emprunté quelque chose
de son inspiration au Bernin, car les deux ouvrages
funéraires capitaux de ce dernier ne datent que de
1672-1678.

---

1. Charles Le Brun. Paris, 1905, in-8°, p. 132.

Après l'influence du Bernin, nous avons celle de Le Brun.

Comme peintre et décorateur, Le Brun introduit dans la sculpture funéraire des sujets surtout pittoresques et dramatiques. Les Archives du musée des Petits-Augustins font allusion à un tombeau curieux (exécuté vers 1680 par Sébastien Slodtz, d'après les dessins du premier peintre) qui nous montre non seulement un sujet tout à fait nouveau, mais un mélange extraordinaire des arts de la peinture et de la sculpture : « De Saint-Germain-l'Auxerrois, un monument en marbre blanc exécuté sur les dessins de Le Brun, érigé en l'honneur d'Henriette Selincart (morte en 1680) épouse d'Israël Silvestre, ami de Le Brun, qui a représenté cette jeune femme, sa parente, au moment où elle expire. Ce morceau, peint sur marbre noir, est un chef-d'œuvre d'expression (1) ». L'œuvre qui se trouve aujourd'hui chez le baron de Silvestre (2), représente le buste de la jeune femme mourante. Sa tête est renversée et ses cheveux épars sont couverts d'un voile. On n'y voit aucune trace de la laideur de la mort. Mais avec ses mains jointes en prière et les yeux à demi fermés, c'est plutôt une Marie-Madeleine. Par certains côtés elle rappelle un peu, peut-être par hasard, l'extase d'une Louise Albertoni. En tout cas, le tombeau d'Henriette Selincart,

---

1. *Le Musée des mon. fr.*, t. II, p. 191.
2. Voir *Henriette Selincart, femme d'Israël Silvestre. Son portrait sur marbre par Charles Le Brun*, par Henri Jouin. Paris, 1890, gr. in-8° (extrait de *l'Artiste*, juillet 1890).

montre chez Le Brun une recherche du pittoresque dans la sculpture et une prédilection pour ce thème de la Mort.

Il dessina assurément cinq et probablement six des tombeaux les plus importants de l'époque de 1660 à 1690. Par là, il joue dans le développement de la conception dramatique du mausolée un rôle de novateur, on dirait volontiers de créateur. Et en second lieu, c'est sous sa direction que les sculpteurs commencèrent à exécuter des ouvrages de ce genre.

Il n'est pas facile d'établir la chronologie exacte des tombeaux dessinés par le premier peintre. Mais le premier semble bien être le monument de sa mère (1) morte en 1668. Cette œuvre qui est encadrée d'une arcade, surmontée d'un entablement, se compose, dans la partie inférieure, d'un sarcophage de marbre noir dont la dalle soulevée laisse apercevoir la morte sortant à demi du tombeau les mains jointes en prière, les yeux levés au ciel. Au-dessus, un ange sonne de la trompette de la Résurrection, en montrant du doigt le ciel.

Il est vrai que la figure de Julienne Le Bé est une exception dans l'œuvre funéraire de Le Brun, à cause du réalisme qu'on voit dans la figure de la vieille femme et à cause de son intensité dans l'expression de la douleur, de la foi et de l'espérance, « qui font de cette œuvre un des monuments de piété filiale les

---

1. A l'église de Saint-Nicolas du Chardonnet, chapelle de Saint-Charles Borromée dite de Le Brun. L'ange est de Collignon pendant que la statue de Julienne est de Tuby.

plus touchants » (1). D'autre part, il est un des exemples des plus puissants des tombeaux dont le sujet dramatique et unifié est tiré déjà en 1668 de la source de la Mort.

Ce type de tombeau que j'appelle de Résurrection, faute de nom plus exact, se trouve aussi dans deux tombeaux d'Avignon, l'un antérieur et l'autre postérieur à l'œuvre de Le Brun.

Celui de Gaspard Laurent, mort en 1630 (qui se trouve à l'église Saint-Victor), représente un ange qui soulève le couvercle du cercueil d'où le décédé s'élève. A ses pieds est la Charité. L'inscription est soutenue par trois petits génies. L'ange avec la trompette n'y apparaît pas.

L'autre tombeau, celui de Gaspard de Simiane de la Coste (2), mort en 1686, par Michel Peru, est une répétition de l'idée de Le Brun. Voici la description de Calvet (3) : « On y voyait en haut un ange sonnant de la trompette avec ces mots sur un cartouche volant : *Surgite mortui et venite ad judicam* et au-dessous, l'abbé de Simiane couché sur le tombeau

---

1. *L'Art français au temps de Louis XIV* (1661-1690), par M. Henry Lemonnier. Paris, 1911, p. 295.

2. Maintenant au musée Calvet, Avignon. Autrefois érigé à droite de l'autel de l'église des Bénédictins-de-Saint-Martial. Brisé à la Révolution.

3. Cité par Louis Gonze, *les Chefs-d'œuvre des musées de France*, p. 83, 1904. Paris in-folio. On voit d'autres exemples de ce type dans un médaillon funéraire du xviie siècle à l'église de Sainte-Ayme, Provins (Seine-et-Marne) où une trompette apparaît au milieu des nuages, et dans le dessin de B. Marot pour un tombeau d'un roi de la Grande-Bretagne.

dans une attitude décente et noble et levant la tête épouvantée. »

Le second dessin de tombeau par Le Brun semble être celui de Cureau de la Chambre (1), mort en 1669. Il se compose d'une femme assise sur un lion, et qui porte le médaillon du défunt. Chose curieuse, quelques auteurs l'ont attribué au Bernin. Piganiol de la Force (2) dit : « Ce précieux morceau de sculpture est de l'invention du chevalier Bernin et non pas de Le Brun comme l'a dit le Maire (vol. I, p. 528). Il a été exécuté par Baptiste Tuby, sculpteur très habile. Plusieurs personnes dignes de foi et actuellement vivantes ont vu le modèle de ce monument fait par le chevalier Bernin, dans le cabinet de l'abbé de la Chambre, fils aîné de celui qui est ici représenté. Le Maire lui-même convient de cette vérité dans la page 303 du troisième volume de son *Paris ancien et nouveau* (3). » Mais Piganiol se trompait parce que le Maire dit simplement que l'abbé possédait « quelques statues » et « trois bustes » par le Bernin, dont l'un représentait Cureau de la Chambre. D'autre part, Nivelon (4) affirme très positivement que le dessinateur en était Le Brun. En tout cas, s'il

---

1. Exécuté par J.-B. Tuby. Autrefois à l'église de Saint-Eustache. Au musée de Versailles, n° 1894.

2. *Desc. de Paris*, tome III, p. 184-186, éd. de 1764.

3. Paris, 1685.

4. Fol. 249-250, cité par Jouin, *Charles Le Brun....* p. 615. D'Argenville dit la même chose. Les Archives du musée des Petits-Augustins ne prirent partie (*Mus. mon. fr.*, t. III, p. 188).

est vrai que le tombeau pouvait être dessiné par le Bernin, ce type n'était pas une nouveauté en France, car le tombeau de Pierre Brulart, mort en 1608, érigé par sa femme à l'église de Saint-Benoit (1), se composait d'une femme portant des faisceaux et représentant la Force qui tenait le médaillon de Brulart. Puis, il y a au musée du Louvre un croquis de mausolée (n° 29798) par Le Brun qui rappelle fort le tombeau de Cureau de la Chambre (2). Au-dessus du soubassement qui porte l'inscription, on voit la Valeur, le pied posé sur un lion couché, qui tient un médaillon sur lequel est le portrait d'un guerrier coiffé d'une perruque. La Foi drapée, une flamme sur le front, tient un cœur enflammé, surmonté d'une couronne. Une cuirasse dans laquelle est passée une massue que domine un casque, est appuyée le long du monument qui sépare les deux personnages. Laissant de côté la figure de la Foi, le dessin pourrait être une esquisse pour le monument de la Chambre.

Le monument de Turenne (3), mort en 1675, fut

---

1. Voir Millin, *Ant. nat.*, t. III, n° XXIX, p. 12, n° 2.

2. Ce genre se trouve aussi dans le tombeau d'Antoine Aubrai (vers 1670-1673) par Martin-Desjardins (voir plus loin). On voit un génie au lieu d'une femme dans les tombeaux de : 1° Jean d'Estrées, mort 1607 (Voir Millin, *Ant. nat.*, t. II, n° XII, pl. 4, p. 21, fig. 1) ; 2° de Jean de Porcelets vers 1679 (Voir *Dict. sculp. fr.*, t. I, p. 13) ; 3° de Michel de Marolles, mort en 1681. Au Musée du Louvre, n° 766 (Voir Gaignières Pe. II, a f° 166. Bibl. nat., Cab. des Est).

3. A l'église des Invalides. Autrefois à Saint-Denis. Une gravure par C. Simonneau avec mention « C. Le Brun *invenit* » se trouve à la Bib. nat., coll. Hennin, t. LIV, p. 30. Une sanguine du maître fut mentionnée à la vente de la coll. Chambery, 8 mars 1881 (citée par Jouin, *op. cit.*, p. 615).

F. Ingersoll-Smouse

sculpté, d'après les dessins de Le Brun, par Tuby, Gaspard Marsy, Van Clève et Magnier. Le sarcophage qui est orné d'un bas-relief (ajouté plus tard) en bronze représentant une bataille, porte la figure demi-couchée de Turenne qui expire. A sa tête et soutenant son bras droit est une femme représentant la Victoire qui porte une couronne de lauriers. Le fond se compose d'une pyramide. Le soubassement est décoré de deux femmes allégoriques assises : l'Abondance qui tourne ses yeux vers le soldat et la Valeur qui pleure. On ne trouve pas dans cette œuvre le réalisme qu'on voit dans la figure de Julienne Le Bé. Le classicisme y apparaît dans tous les détails : l'aigle et la peau de lion sur le sarcophage, les vêtements à l'antique de Turenne. Mais la chose surtout importante pour nous, c'est le sujet dramatique, c'est-à-dire le lit de mort.

Le tombeau de Colbert (1) (1683-1685) se compose d'un sarcophage de marbre noir, monté sur deux gaines de bronze doré, qui porte la statue du défunt agenouillé en prières et revêtu du costume de cour et du manteau de l'ordre du Saint-Esprit. Devant lui était placé un ange qui tenait un livre d'heures (continuation de la conception du tombeau de Pierre Bérulle par Anguier). Deux femmes allégo-

---

1. A l'église Saint-Eustache, sauf l'ange qui est disparu. L'Abondance et la statue du ministre sont de Coysevox, pendant que la Fidélité et l'ange sont de Tuby. Voir *le Tombeau de Colbert par Coysevox et Tuby*, 1891, par Jules Guiffrey et de Grouchy.

riques, représentant l'Abondance et la Fidélité sont assises an soubassement.

Cette même conception de priant sur un sarcophage accompagné de deux Vertus au soubassement, se retrouve dans le tombeau de François de Créqui (mort en 1687) qui fut aussi exécuté, suivant Millin (1), sur les dessins de Le Brun. D'après la gravure, le tombeau était adossé contre une pyramide, et le priant regardait le spectateur.

Nivelon (2) nous dit que le tombeau du marquis de Vaubrun (3), qui ne fut fini par Coysevox qu'en 1705, fut dessiné par le premier peintre. Cette œuvre, qui serait remarquable même au milieu du xviiie siècle, devient tout à fait étonnante à cette date reculée de 1685 à 1690. « Demi-couché sur un faisceau d'armes, tenant encore à la main le bâton de commandement, Vaubrun se sent défaillir. A ses pieds, sa veuve éplorée le contemple. Les genoux de la jeune femme reposent sur un coussin. Un voile de deuil couvre sa tête. Sa robe aux larges plis laisse les bras découverts. De la main droite la marquise de Vaubrun sèche ses larmes. Au-dessus du groupe, la Victoire (le même

---

1. *Ant. nat.*, t. I, n° 1, p. 45. « La figure du maréchal est de Coysevox, les ornements et les deux Vertus qui pleurent sa perte sont dues à Nicolas Courtois et à Jean Joly. » Autrefois au couvent des Jacobins. On trouve presque la même chose dans le tombeau de Nicolas de Neufville (1685-1687), jadis dans l'ancienne église des Carmélites de Lyon. Il fut exécuté par Nicolas Bidan, sur les dessins de Thomas Blanchet (Voir *Dict. des sculp. fr.* t. II, p. 48).

2. Fol. 255. Voir Jouin, *op. cit.*, p. 615.

3. Il se trouve dans la chapelle du château de Serrant.

motif que Le Brun avait déjà employé pour le tombeau de Turenne) plane dans les airs, tenant un trophée d'armes et une couronne. Ces figures sont en marbre. Sur le soubassement du mausolée, un bas-relief en plomb doré rappelle le passage héroïque du pont d'Attenheim par les Français, etc. (1). »

Plus encore que les tombeaux de Julienne Le Bé, d'Henriette Selincart et de Turenne, cette œuvre nous montre Le Brun comme créateur du tombeau dramatique dont le thème est le lit de mort. Comme nous le verrons, le Bernin, bien que lui aussi ait « conçu le tombeau comme une scène animée dans laquelle les figures, au lieu d'être isolées et indépendantes les unes des autres, participent à une même action (2) », n'a jamais employé le lit de mort, sauf dans le mausolée de la Bienheureuse Louise Albertoni, qui date de quelques années plus tard (1675) que celui de Julienne Le Bé, et où nous avons plutôt une étude d'extase religieuse qu'une vraie mourante. Chez le Bernin, on voit toujours la Mort allégorique, sous la forme de squelette et jamais le mort.

Pigalle se souviendra surtout de la statue de la marquise de Vaubrun à genoux, quand il exécutera le grand tombeau du comte d'Harcourt.

Après avoir parlé de ces cinq ou six tombeaux, il

---

1. *Antoine Coysevox. Sa vie. Son œuvre. Ses contemporains*, par Henri Jouin. Paris, 1883, in-8°, p. 146.

2. *La Sculpture florentine, le XVI° siècle et les successeurs de l'école florentine* (t. IV), par Marcel Reymond. Florence. Alinari frères, 1900, p. 212.

nous reste à examiner la question du mausolée du cardinal de Richelieu (1). Est-il l'œuvre propre de Girardon, ou devons-nous admettre que Le Brun en fut le dessinateur ? Dans le catalogue des œuvres du premier peintre (2), Florent Le Comte, qui écrit en 1700, dit : « Bernard Picard... a dessiné en cinq pièces le tombeau de M. le cardinal de Richelieu, inventé par M. Le Brun, exécuté en marbre et posé dans l'église de la Sorbonne par M. Girardon. Il en a même gravé trois pièces et Charles Simonneau l'aîné les deux autres. » Il faut bien remarquer que Le Comte écrit ces mots du vivant de Girardon, qui ne mourut que quinze ans plus tard. Piganiol de la Force (3), Dezallier Dargenville (4), Lenoir et Landon (5) sont tous de l'avis de Le Comte. Au contraire, Grosley (6), écrivant en 1742, proclame Girardon comme ayant non seulement sculpté mais dessiné l'œuvre. Il s'appuie sur le mot *invenit* de l'inscription (Fr.

-----

1. Exécuté par Girardon et terminé en 1694. Actuellement à l'église de la Sorbonne. Gravé par E. Picard et par C. Simonneau.

2. *Cabinet des singularités d'architecture, peinture, sculpture et gravure*, par Florent Le Comte. Paris, 1700, 3 vol. in-8°, t. III, p. 233.

3. *Desc. Paris*, t. III, p. 343.

4. *Vie des fameux sculpteurs*, 1787. Paris, t. II, p. 223.

5. *Annales du musée*. Cité par Jouin, *Charles Le Brun...*, p. 645. Germain Brice ne dit rien sur le sujet. Voir *Desc. de Paris*, éd. de 1775, t. III, p. 163.

6. *Mémoires inédits sur la vie et les ouvrages des membres de l'Académie de peinture, etc.*, publiés par MM. Dussieux, Soulié, etc. Paris, 1854, t. I, p. 297-298.

Girardon *Tricassin invet sculpsit*, MDCXCIV). Il dit :
« Je crois qu'il (Le Comte) est seul de cette opinion,
qu'il n'a sans doute avancée que pour faire sa cour
à Mansard à qui son ouvrage est dédié, en diminuant
la gloire que ce grand ouvrage a acquise à Girardon ;
d'ailleurs, si Girardon l'avait fait sur les dessins de
Le Brun, aurait-il osé y mettre l'inscription que l'on
y voit et dans laquelle il s'en déclare publiquement
l'inventeur ? M. Le Brun l'aurait-il souffert ? » Mais
Le Brun mourut en 1690, c'est-à-dire quatre ans
avant que l'inscription fût faite.

Mais si l'on examine le tombeau lui-même, on voit
tout de suite sa ressemblance (1) avec les autres
œuvres funéraires de Le Brun. Sur un sarcophage, en
partie recouvert d'une riche draperie, Richelieu est
à demi-couché. Derrière lui et le soutenant, est la
Religion drapée et voilée ; à droite, deux petits génies
funéraires portent les armoiries du cardinal ; aux
pieds, la Science (drapée et voilée) pleure. A propos
de cette dernière figure, d'Argenville donne une
indication curieuse. D'après lui, Le Brun a « emprunté
au Poussin la figure de la Science éplorée, qu'on
voit dans son second tableau de *l'Extrême-Onction* (2).
En effet, si l'on compare la statue de la Science avec
la femme au pied du lit dans le tableau de Bridgewa-

---

1. M. Jouin dit (p. 645) que le musée du Louvre possède un croquis de tombeau (n° 29743) qui représente un prélat demi-couché
sur un sarcophage. Il est assisté par la Religion qui se penche
vers lui ; au premier plan, un enfant tient une croix. Sauf l'enfant,
nous avons ici le sujet de notre tombeau.

2. *Vie des fameux sculpteurs*, 1787, Paris, t. II, p. 223.

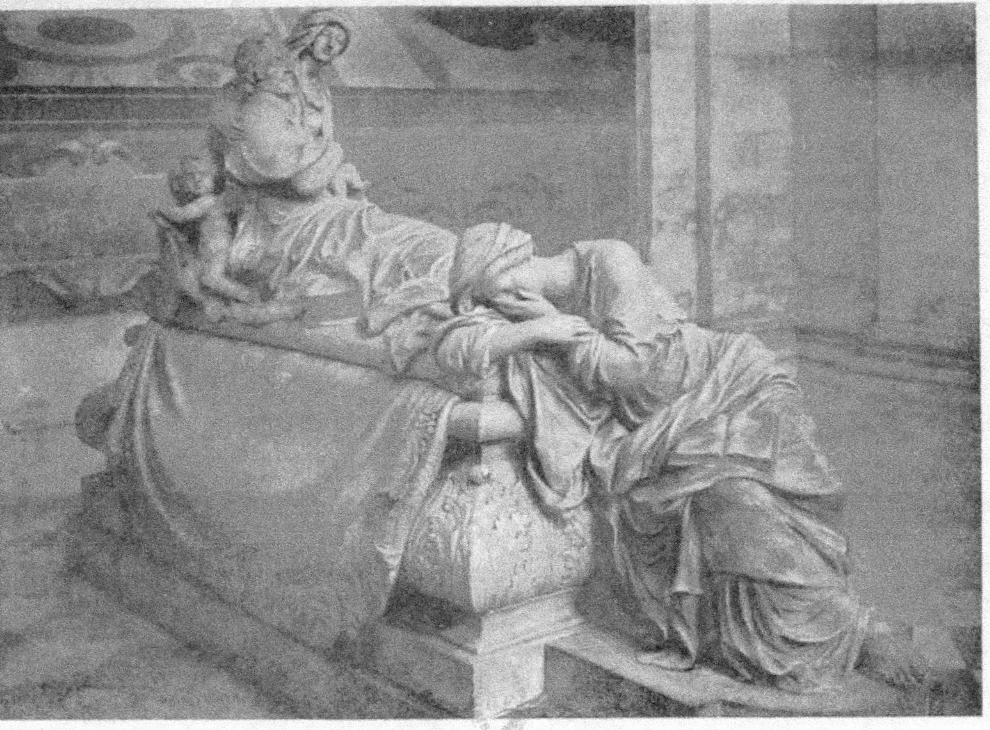

Tombeau du Cardinal de Richelieu

par GIRARDON

Église de la Sorbonne

ter House (1) on voit qu'elles se ressemblent assez exactement, sauf la position du bras droit et la draperie de la tête.

La Religion qui supporte le mourant, rappelle par son geste la Victoire du tombeau de Turenne.

Mais ce qui rappelle surtout Le Brun, c'est le sujet, ce lit de mort. Les œuvres funéraires de Girardon (2) au contraire n'ont pas de rapports avec le sujet du tombeau de Richelieu, et d'autre part le mausolée peut être considéré comme le couronnement de la série qui comprend ceux de Turenne, d'Henriette Selincart et du marquis de Vaubrun.

Après Le Brun dessinateur de tombeaux, vient Le Brun dessinateur de cérémonies funèbres. Et ici encore, il montre sa prédilection pour la Mort qui apparaît en squelette dans la cérémonie funèbre du chancelier Seguier, célébrée à l'Oratoire de la rue Saint-Honoré, le 4 mai 1672 (3).

« Au milieu de la nef paraissait le tombeau et ce qu'on appelle le catafalque. La base de ce tombeau était un grand socle de marbre blanc et noir, de figure carrée, mais plus long que large, sur lequel s'élevaient dix degrés garnis d'une infinité de lumières. Sur ce socle et dans ses angles, il y avait quatre pié-

---

1. Londres. Peint en 1644 par Poussin pour M. de Chantelou. La première série des sept sacrements fut exécutée pour le chevalier del Pozzo. On peut noter que la jeune fille dans *le Testament d'Eudamidas* (coll. Molcke à Copenhague) est assez semblable à la femme du tableau de *l'Extrême-Onction*.

2. Voir plus loin.

3. Gravure par Le Clerc.

destaux de marbre. Dans le tympan de chacune de leurs faces étaient les armes de M. le chancelier, et au-dessus quatre figures de mort assises (1). Elles tenaient d'une main les masses qu'on porte ordinairement devant les chanceliers de France. » (2)

Ici, peut-être, est-il à propos de dire quelques mots sur les cérémonies funèbres et surtout sur le cénotaphe qui nous occupe en ce moment pour la première fois. On y retrouve au XVIIe siècle les éléments qui ont apparu au moyen âge (3), savoir le lit de parade et les lumières autour du lit. On a pensé que les cérémonies funèbres ont influencé la sculpture funéraire et la disposition du tombeau ; mais il semble plus probable que tous les deux, cérémonie et tombeau, aient subi les mêmes influences et se soient développés ensemble. Avant le XVIIIe siècle, les matériaux font défaut pour une étude approfondie des cérémonies, parce qu'il y a peu de gravures et de descriptions, même vagues. Mais, malgré tout, on peut dire que le catafalque de la cérémonie du

---

1. Voir aussi la pompe funèbre du Grand Condé, le 10 mai 1687. « Toutes ses victoires sont représentées par des basses-tailles couvertes comme sous des tentes, dont les coins sont ouverts et portés par des squelettes dont les attitudes sont admirables. » *Lettre de M*[me] *de Sévigné à Bussy.* Ed. Monmerfue, t. VIII, p. 29. Cité par M. Lemonnier, *op. cit.*, p. 237.

2. Félibien, *Entretiens*, t. IV. p. 182-203. Cité par M. Lemonnier, *op. cit.*, p. 236.

3. Par exemple : 1° la cérémonie funèbre tirée d'une fresque à Nuremberg au XIVe siècle où le cierge est le motif principal, et, 2° les funérailles d'Anne de Bretagne (XVIe siècle). Voir les chapelles ardentes à Saint-Denis, Notre-Dame de Paris, Nantes et Blois. Voir les gravures à la Bibl. des arts décoratifs, n° 114.

xviiᵉ siècle en France (1) se composait d'un sarcophage classique (métamorphose du lit de parade du
moyen âge) sur un soubassement orné, aux coins et
aux côtés, de lumières, de figures allégoriques et
d'autres motifs décoratifs qui sont, il faut le remarquer, les mêmes que ceux employés dans les tombeaux. L'ensemble est surmonté d'un baldaquin.
Quelquefois, le sarcophage est placé au milieu d'une
petite rotonde (2) ou temple classique, usage fort à
la mode au xviiᵉ siècle.

Revenons maintenant aux œuvres elles-mêmes de
la sculpture funéraire en France. Les sculpteurs de
tombeaux, de 1661 à 1690 qui ont travaillé presque
tous sous la direction de Le Brun, sont :

Les Marsy... Balthazar 1620-1674 Gaspard... 1625-1681
Le Hongre............. 1628-1690
Girardon............. 1628-1715
J.-B. Tuby........... 1630-1700
Pierre Mazeline...... 1632-1708
Desjardins.......... 1640-1694
Coysevox 1640-1720
Simon Hurtrelle..... 1648-1724

1. — Voir par exemple les cérémonies funèbres de :
1° Henriette d'Angleterre, le 30 juin 1665. Gravure d'après les
dessins de Lepautre.
2° Le duc d'Aumont, le 13 août 1670, d'après les dessins de
Lepautre.
3° Chancelier de Séguier. Cité ci-dessus.
4° Le Grand Condé, cité ci-dessus. Gravure par de Dolivar d'a-
près les dessins de Berain.
5° Marie Anne Christine-Victoire de Bavière, dauphine de

Gaspard Marsy, en collaboration avec son frère, Balthazar, exécuta, vers 1672, le mausolée du roi de Pologne, Jean Casimir, qui se trouve aujourd'hui à Saint-Germain-des-Prés. Sur un lit funéraire de marbre noir, encadré de rideaux de marbre blanc, le défunt, vêtu d'un costume ecclésiastique et royal, s'agenouille et semble offrir à Dieu le sceptre et la couronne qu'il tient à la main gauche. Le soubassement est orné d'un bas-relief de bronze qui représente une des batailles du roi. De chaque côté, se trouvaient deux esclaves de marbre au lieu des Vertus cardinales. Nous avons ici une idée dramatique introduite dans un tombeau de priant, celle d'un mort qui offre sa couronne à Dieu, sentiment d'humilité qui n'est pas en rapport avec les esclaves et le bas-relief du soubassement. C'est un fait à noter que l'artiste au lieu d'un épisode de la vie de Casimir, par exemple son abdication ou son entrée à l'abbaye de Saint-Germain, a choisi un geste symbolique, idée grandiose, majestueuse, il est vrai, mais froide et impersonnelle. Comme Gaspard était, trois ans plus

France, juin 1690 à Notre-Dame de Paris. Gravée et dessinée par Berain.

6° Marie-Louise d'Orléans, reine d'Espagne, avril 1689, à Notre-Dame de Paris. Gravée par Dolivar d'après les dessins de Berain.

7° Des dessins par Marot et Berain.

2. — Par exemple, les catafalques de Marie de Bavière et du Grand Condé. Puis, les deux dessinés par Berain, et un dessin de Marot où on voit aussi les quatre Vertus et une femme appuyée au milieu avec deux petits génies.

tard, l'auteur des statues de la Sagesse et de la Valeur du tombeau de Turenne, et comme les frères travaillaient presque toujours sous la direction du premier peintre, n'est-il pas possible que ce soit lui qui ait fourni le dessin ou au moins l'idée de l'œuvre ?

Le Hongre ne fit que collaborer avec Tuby aux Vertus du tombeau de Mazarin.

L'œuvre funéraire de Girardon avant 1690 se compose de sept tombeaux, dont la plupart ne sont que des épitaphes décorées de sculptures.

Le monument en marbre blanc de Jérôme Bignon (1), mort en 1656, se compose d'un buste du défunt sur un soubassement, de chaque côté duquel sont assises deux femmes allégoriques. L'œuvre, dont la composition était assez populaire à son époque, n'offre rien de remarquable.

Le tombeau ou plutôt l'épitaphe commémorative d'Anne-Marie Martinozzi, princesse de Conti (morte en 1672), semble être le second en date. Il ne se composait que d'un bas-relief oval de marbre blanc figurant une femme vêtue à l'antique, assise, qui était accompagnée des attributs de la Foi, de l'Espérance et de la Charité (2). Chose curieuse, les Archives du

---

1. A la chapelle de Saint-François-de-Sales de l'église de Saint-Nicolas-du-Chardonnet.

2. Autrefois à l'église de Saint-André-des-Arts (Voir Rannié, *Épit.*, t. 1, p. 10). L'album 16 (99) de la Bibliothèque des arts décoratifs contient, à côté de la photographie de l'œuvre, cette note: « Ce bas-relief, après avoir été transporté à la Malmaison, a été vendu à un particulier. » Il a été exposé au musée des Arts décoratifs de 1884 à 1890.

musée des Petits-Augustins font allusion à un tombeau du même genre, aussi à l'église Saint-André-des-Arts, par Coysevox : « De Saint-André-des-Arts un bas-relief représentant une femme voilée dans l'attitude de la douleur, portant un cœur (1), » peut-être Lenoir a-t-il confondu les noms de Coysevox et de Girardon ?

A cette œuvre se rattache le tombeau du cœur (2) du cardinal de Retz (mort en 1679) qui se compose d'un médaillon ovale de marbre vert, sur lequel se détache une figure de femme vêtue à l'antique et personnifiant la Force qui s'appuie de la main droite sur une colonne tronquée, et, le bras gauche levé, tient dans la main un cœur enflammé.

Le marché (3) pour le tombeau d'Olivier et de Louis de Castellan fut passé en 1678. Bien qu'il soit une œuvre très faible, il est à noter d'abord comme le premier essai de Girardon dans la sculpture funéraire monumentale, avant le tombeau de Richelieu, et en second lieu comme étant au xviie siècle le groupe le plus ambitieux, si l'on considère les mausolées du type médaillon, c'est-à-dire du type dans lequel le défunt, ou, dans le cas actuel, les défunts, sont représentés en médaillon. Au-dessus du soubasse-

------

1. *Arch. mus. mon. fr.*, t. II. p. 189.

2. Voir Raunié *Épit.*, t. II, p. 114. Autrefois un couvent des Filles-du-Calvaire du Marais. Maintenant à Saint-Denis.

3. Voir *Revue de l'Art français ancien et moderne*, t. VI, p. 289. Autrefois à l'église Sainte-Marguerite et maintenant à l'église de Saint-Germain-des-Prés. Voir Gaignières. Bibl. nat. Cab. des Est. P. II, a.

ment, qui est orné de couronnes, sont la Fidélité et la Piété qui portent les deux médaillons. Le centre de la composition est occupé par une urne. Les deux Vertus n'ont pas de rapport l'une avec l'autre. Les rideaux de bronze du fond, qui, détail intéressant, étaient écartés par deux squelettes, ont disparu.

Vers 1680, Girardon exécuta un tombeau d'anonyme dont le souvenir ne nous a été conservé que par une gravure de Pequegnot. D'un genre tout à fait décoratif et sans aucun rapport avec la grande sculpture monumentale, il se composait d'un sarcophage et d'un médaillon du défunt qui est adossé contre une pyramide.

Il utilisa cette même composition dans le tombeau de Henri Bonneau de Tracy, mort en 1682 (1).

Dans celui de la présidente de Lamoignon (2), la monotonie de ce genre était rompue par de petits génies qui soutenaient le médaillon. Il y avait aussi sur le sarcophage un bas-relief qui représente les pauvres de la paroisse inhumant la défunte.

En somme, l'œuvre funéraire de Girardon avant 1690 n'offre rien de remarquable. Quatre des sept tombeaux sont du type médaillon, un du type buste, et deux sont plutôt des bas-reliefs commémoratifs. Mais, si Girardon fut le vrai créateur du tombeau de Richelieu, il serait curieux qu'il n'ait pas

---

1. Autrefois à la chapelle Saint-Louis, cathédrale de Tournai. Gravure par S. Leclerc.

2. Autrefois à l'église de Saint-Leu (Voir *Arch. mus. mon. fr.*, t. III, p. 265). Le bas-relief se trouve aujourd'hui au musée de Troyes (*Dict. sculpt. fr.*, t. II, p. 212). Gravure par Simonneau.

donné avant cette date quelques indices le révélant
capable d'une telle conception. Nous verrons plus
tard le caractère de son œuvre funéraire de 1690
à 1715.

Tuby ne fut qu'un interprète en marbre des dessins de Le Brun dans les tombeaux de Julienne Le Bé,
Colbert, Turenne et Cureau de la Chambre. Puis, en
collaboration avec Le Hongre, il travailla aux Vertus
du tombeau de Mazarin.

Pierre Mazeline, en collaboration avec Simon
Hurtrel, exécuta deux tombeaux qui méritent attention.

Il est difficile de juger l'effet général de celui de
Le Tellier, mort en 1685, qui se trouve aujourd'hui à
Saint-Gervais, parce que l'encadrement architectural
qui se composait d'une arcade adossée et supportée
par deux pilastres probablement de bronze (1) a disparu avec les deux Vertus, la Valeur et la Prudence,
qui en ornaient la partie supérieure. Le monument,
tel qu'il existe, se compose d'un sarcophage de
marbre noir, sur deux têtes d'hercule, qui supporte
la statue demi-couchée et priante de Le Tellier revêtu
du costume de chancelier. Derrière lui, un petit pleureur tient des armes. Au soubassement, sont assises
la Force et la Religion. La statue de Le Tellier, dans

1. Voir un dessin, dans la coll. de Gaignières (Bibl. nat.,
Cab. des Est. Pe. II. a, p. 242). D'après Soulié (Cat. de Versailles, 2ᵉ partie, nᵒ 1891, p. 66, année 1881), le monument fut
exécuté d'après le dessin de Philippe de Champaigne. Mais celui-
ci mourut en 1674, c'est-à-dire onze ans avant la mort de Le Tellier.

une attitude contournée et compliquée, est demi-couchée sur le sarcophage. Ses mains sont jointes en prière et sa tête est levée vers le ciel. Son expression outrée de douleur convient à son attitude. Le petit pleureur rappelle un peu l'ange du tombeau de Jacques de Souvré de Courtenvaux par Anguier.

Le tombeau (1) de Charles, duc de Créqui, fut élevé, en 1688, dans le couvent des Capucins de la place Vendôme.

Comme le mausolée de Le Tellier, il est difficile de juger cette œuvre, car tout a disparu, sauf le groupe formé par le défunt et par une Douleur. L'encadrement se composait d'une grande arcade qui était ornée, dans la partie supérieure, par deux urnes fumantes. Au-dessus, un assez haut soubassement, puis, un sarcophage qui porte la statue demi-couchée de Créqui, soutenu par une Douleur assise sur une proue de vaisseau. A ses pieds était un génie pleurant. Aux angles du soubassement étaient deux statues représentant la Religion et la Tempérance. Une gravure (2) nous montre une épitaphe qui était soutenue par trois petits génies au-dessus de la statue à demi-couchée. L'œuvre est intéressante pour les mêmes raisons que le tombeau de Le Tellier, c'est-à-dire la recherche du dramatique et de l'unité de l'action.

---

1. Aujourd'hui en partie à la chapelle Saint-Étienne de l'église Saint-Roch.

2. Voir Raunié, *Épit*. ,t. II, p. 131 ; et *Arch. mus. mon. fr*. t. I, p. 77 (année 1797).

Le groupe central de Créqui et de la Douleur, rappelle celui du tombeau du duc de Noailles (1) exécuté par Anselme Flamen (1647-1717) vers 1678, comme tous les deux rappellent leur prototype, le tombeau de Turenne. Seulement, Flamen avait introduit, très maladroitement d'ailleurs, beaucoup d'autres éléments. Le duc était demi-couché sur un sarcophage, entre les bras de la Foi, ou, d'après Germain Brice, de l'Espérance, qui tenait une couronne de gloire. Près d'elle était une Mort en squelette. Au-dessus du groupe on voyait un Temps avec sa faux. Aux pieds du duc, il y avait un petit ange avec un livre, souvenir peut-être des anges qui portaient des livres d'heures. En effet, l'ensemble contient tous les personnages qui joueront les grands rôles dans la sculpture funéraire au xviiie siècle.

Desjardins exécuta deux tombeaux dont l'un, du jeune officier Poissin, fut détruit au temps de la démolition de l'ancienne église du Saint-Sauveur, en 1787. L'autre, celui d'Antoine Aubrai (2) (vers 1670-1677), se compose d'un médaillon du défunt supporté par une femme allégorique, la Justice. On voit tout de suite sa ressemblance frappante

---

1. Autrefois à la chapelle de la Communion de l'église Saint-Paul (Voir Germain Brice, *Nouv. desc. Paris*. Éd. de 1725, t. II p. 317. Et un dessin coll. Gaignières, Pe. II, a, f° 262, Bibl. nat).

2. Autrefois à la chapelle Saint-Antoine de l'église de l'Oratoire (Voir Millin, *Ant. nat.*, t. II, n° 14, pl. 144), et maintenant au musée de Versailles, n° 477

avec le tombeau de Cureau de la Chambre. N'est-il pas possible que Le Brun ait donné les dessins des deux œuvres ?

Desjardins fit aussi, vers 1691-1694, la statue en marbre de la Vigilance et le modèle de celle de la marquise dans le tombeau du marquis de Louvois (1).

L'œuvre funéraire de Coysevox est tardive, car il ne débuta qu'en 1683-1685 avec la statue de Colbert, exécutée d'après les dessins de Le Brun. Il est intéressant de noter que le grand tombeau de Mazarin (1689-1692) n'est qu'une amplification des idées de l'œuvre dessinée par le premier peintre. Il continue d'être l'interprète de Le Brun, dans le tombeau de François de Créqui (mort en 1687), pour lequel il exécute également la statue agenouillée du défunt.

Vers 1688, il fit le buste de Lulli pour le tombeau (2) qui fut exécuté par Michel Cotton. Cette œuvre se compose du buste sur un sarcophage. De chaque côté est une femme allégorique assise. Une gravure (3) nous montre dans la partie supérieure un squelette volant qui dominait l'ensemble du monument et écartait une draperie à la manière des sque-

---

1. Voir Chapitre I.

2. Autrefois au couvent des Augustins-Déchaussés et aujourd'hui à l'église Notre-Dame-des-Victoires, chapelle de Saint-Jean. D'après Courajod, l'attribution du buste à Coysevox est très douteuse. Voir *Antoine Coysevox et son dernier historien*. Paris, 1884.

3. Voir Rannié *Épit.*, t. I, p. 235.

lettes représentés au-dessus des catalfalques des cérémonies funèbres du temps. Un médaillon en marbre. de Lulli, œuvre de Cotton, se trouve aussi à l'église Notre-Dame-des-Victoires (dans la quatrième travée de la chapelle de la Sainte-Enfance). Et, d'après Stanislas Lami, il était probablement destiné à faire partie du mausolée avant qu'il fût remplacé par le buste (1) de Coysevox.

Le marché pour le tombeau de Mazarin (2) fut passé en 1689 par Coysevox, Le Hongre et Tuby. L'œuvre, qui est assurément l'ensemble le plus magnifique appartenant aux mausolées du type priant ou plutôt du type agenouillé, avec des femmes allégoriques au soubassement, se composait d'un grand édicule adossé contre un des murs de la chapelle du collège des Quatre-Nations. Un très haut sarcophage supporte la statue agenouillée du cardinal, vêtu du costume ecclésiastique. Derrière lui, un petit ange tient un faisceau. Au soubassement sont assises trois statues en bronze : la Prudence, la Paix et la Fidélité. A la partie supérieure du monument, la Religion

----

1. Cette disposition d'un buste, d'un sarcophage, et de deux femmes allégoriques se trouve aussi dans les tombeaux suivants du XVIIe siècle : de Jean-Baptiste de Gondi (mort 1580), autrefois aux Grands-Augustins (Raunié, *Épit.*, t. I, p. 217); de la famille de Barentin, conseiller d'Etat et secrétaire du roi, mort en 1639 (Voir Millin, *Ant. nat.*, t. III, p. 7); du marquis de Dubois et de Charlotte d'Avaray, mort en 1631, à l'église Saint-Bruno, Bordeaux ; de Christophe de Thou, vers 1611, attribué à Barthélemy Prieur (musée du Louvre, n° 178 *bis* et n° 269); de Jérôme Bignon par Girardon (Voir ci-dessus).

2. Au Louvre, sculpture, n° 552.

et la Charité, en haut-relief, soutiennent les armes du prélat. Comme nous l'avons déjà dit, les éléments de l'œuvre sont presque les mêmes que ceux du tombeau de Colbert : dans tous les deux, le sarcophage, la statue agenouillée (1), les femmes allégoriques dont le nombre est augmenté dans le mausolée de Mazarin. Le petit ange avec le livre d'heures devient le porteur de faisceaux.

Le tombeau de Le Brun (2) termine l'œuvre funéraire de Coysevox avant la période de transition. Il se compose d'un buste du défunt, derrière lequel se dresse un obélisque. Le soubassement est orné d'un sarcophage qui porte de chaque côté une femme allégorique (la Peinture et la Religion) imitée du Jour et de la Nuit du tombeau de Juliano de Médicis de Michel-Ange.

Après cette liste très rapide des œuvres funéraires des sculpteurs les plus considérables, essayons de résumer en quelques mots les caractéristiques de cette période de 1661 à 1690.

Les types de demi-couché et de priant pour la statue du défunt restaient les plus populaires dans la sculpture monumentale. Le priant, vêtu à la contemporaine, était supporté par un sarcophage dont le soubassement était orné de femmes allégoriques

---

1. La statue de Mazarin rappelle, par l'attitude générale et la draperie flottante, celle de la Vieuville par Guérin, comme M. Lemonnier l'avait remarqué dans *l'Art français du temp de Louis XIV*, p. 298. Paris, 1911.

2. A l'église de Saint-Nicolas-du-Chardonnet.

qui restaient presque toujours, comme dans le tombeau de Mazarin, purement décoratives. Le tombeau de Casimir, roi de Pologne, est le seul exemple notable où l'agenouillé est animé d'une idée dramatique. Pendant cette époque, le type se trouve toujours dans des ensembles essentiellement calmes.

Au contraire, le type de demi-couché, vêtu très souvent à l'antique se rencontre surtout accompagné d'allégories pseudo-chrétiennes qui sont reliées à la statue du défunt par une idée dramatique. Dans la série qui comprend les tombeaux de Turenne, de Noailles, de Charles de Créqui et de Richelieu, le défunt est supporté par la Foi qui tient une couronne de gloire ou bien il expire entre les bras de l'Immortalité ou de la Religion.

Quant au type buste et au type médaillon qui ne sont que le développement de l'épitaphe décorée, ils devinrent assez populaires sous le règne personnel de Louis XIV, grâce aux sculpteurs français et au Bernin qui s'en servirent avec succès. A leur origine, parce qu'ils étaient moins coûteux que les grands ensembles, et parce qu'ils n'occupaient que peu d'espace, ils étaient naturellement employés par les bourgeois.

Le tombeau avec le buste du défunt, élément en désaccord avec les figures entières qui furent ajoutées plus tard dans l'histoire de ce type, apparut en Italie dès le dernier quart du xv⁵ siècle. (1) En

---

1. Par exemple : les tombeaux de l'évêque Salutati, mort en 1465.

France, le tombeau de François de Montholon (1) (mort 1543) semble en être l'un des premiers exemples, bien qu'il soit possible qu'il ait été érigé plus tard par sa femme qui mourut en 1590. Cependant il n'y a pas de raison de douter de la date approximative de 1568 pour celui de Benoît de Raspide (2) ou de celle de 1572 pour celui de Jean d'Alesso (3). Ne se préoccupant pas de l'unité, ce type reste toujours décoratif ; il ne nous fournit pas d'exemples de groupes dramatiques, si ce n'est peut-être le tombeau de Mignard (4), par le Moyne, au XVIIIe siècle. Les monuments du XVIIe siècle appartenant à ce genre se divisent en deux groupes, l'un où le buste, quelquefois sous un petit fronton, surmonte l'épitaphe encadrée de marbre et décorée de têtes de mort et d'anges et d'autres motifs décoratifs du temps, l'autre où le buste repose sur un sarcophage de chaque côté duquel est une figure allégorique comme nous en avons vu dans les tombeaux de Bignon, de Lulli et de Le Brun.

La première décade du XVIIe siècle vit apparaître en France le type de tombeau où le défunt n'est représenté qu'en médaillon. Bien que, en réduisant

---

par Mino de Fiesole, Dome de Fiesole ; le cardinal Fonteguerri par Verrochio 1475, à la cathédrale de Pistaja ; du comte Domenico Bertini, par Matteo Civitati, 1479, à l'église Saint-Martin. Lucce.

1. Voir Raunié, *Épit.*, t. I, p. 34.

2. Autrefois au couvent des Grands-Augustins. Raunié, *Épit.*, t. I, p. 195.

3. Autrefois aux Bonshommes de Chaillot. Voir gravure dans Millin. *Ant. nat.*, t. II, n° XII, pl. 3, fig. 2, p. 19.

4. Autrefois aux Jacobins, Voir plus loin chapitre 1.

au minimun l'élément de la portraiture, très important dans les types de demi-couchant et de priant, il prépare la voie pour les tombeaux banals du type d'urne, il n'en inspire pas moins au siècle suivant beaucoup de groupes intéressants.

La catégorie la plus simple du xviie siècle est semblable au premier genre du type de buste ; mais le médaillon y remplace le buste. Trois tombeaux de Girardon forment un autre genre où le médaillon au-dessus du sarcophage, est fixé à une pyramide. Ce genre fit fortune au xviiie siècle.

Puis, il y a la catégorie représentée par les œuvres de Le Brun et de Desjardins où le médaillon est supporté par une femme allégorique assise, ou quelquefois par un génie.

Les monuments de Dreux-Hennequin par Sarrazin, et d'Anne-Marie Martinozzi par Girardon, forment une catégorie à part où toute la décoration se compose d'une femme en bas-relief qui réunit les caractéristiques d'une Douleur et d'une Vertu.

Après les représentations du défunt, viennent deux motifs décoratifs qui prendront, souvent au siècle suivant, une grande importance : les cassolettes ou les vases fumants et la pyramide.

L'origine des cassolettes fumantes, apparues en France à la fin du xvie siècle (1), est obscure. Mais

------

1. Dans les tombeaux de Catherine de Nogaret de la Valette, morte en 1587 (voir Raunié, *Épit.*, t. III, p. 299) et de Charlotte de la Trémoille, morte en 1629, au musée du Louvre (Voir Raunié

elle est probablement double. Ce motif qui est introduit dans l'encadrement, ou aux angles du fronton, ou au soubassement, est premièrement une réminiscence de l'encens des funérailles comme l'urne était un souvenir de l'incinération de l'antiquité et en second lieu une translation en pierre, pour ainsi dire, des vases fumants des cérémonies funèbres du XVIIe siècle (1).

La pyramide qui se trouve quelquefois dans la sculpture funéraire du dernier quart du XVIIe siècle (2) commença peu à peu à servir de fond au tombeau et ainsi remplaça l'arcade ronde qui formait l'encadrement ( ). L'origine de la pyramide est aussi obscure que celle des cassolettes fumantes. Mais il faut probablement la chercher également, d'abord, dans un emprunt à l'antiquité, et secondement y voir un

---

Épit., t. II, p. 293). Voir aussi ceux du chanoine Lucas, vers 1628-35, par Blassel ; de François Créqui, vers 1687, par Coysevox ; et de Charles Créqui, par Mazeline et Hurtrel.

1. On les trouve dans presque toutes les cérémonies funèbres conservées en gravure, ou aux coins du soubassement, ou sur le sarcophage, ou même au sommet de la rotonde.

2. Par exemple, les trois tombeaux de Girardon, du type de médaillon, et ceux de François Créqui, de Turenne et de Le Brun.

3. A la seconde moitié du XVIIe siècle, les grands ensembles étaient presque toujours encadrés d'une arcade ronde qui était supportée aux deux côtés de pilastres ou de colonnes, au-dessus desquelles étaient souvent des vases fumants. Au sommet de l'encadrement on voyait les armes du défunt. Des rideaux de bronze, empruntés italien, décoraient quelquefois l'intérieur de l'arcade, par exemple dans les tombeaux de Jean Casimir et de Julienne Le Bé. Mais, quand la pyramide devenait le fond, l'arcade n'était plus nécessaire.

souvenir des lumières du catafalque de la cérémonie funèbre qui prirent souvent cette forme. Il est vrai que nous ne pouvons pas étudier les cérémonies funéraires qui étaient contemporaines de la première apparition de ce motif dans le tombeau, mais d'après les descriptions des cérémonies au commencement du xviiie siècle (1), il semblerait que cet arrangement des lumières eût été populaire depuis longtemps déjà. D'autre part, il est possible qu'elle fût adoptée par les sculpteurs simplement parce qu'elle donne la composition pyramidale du tombeau.

Comme décoration tombale, la pyramide apparut pour la première fois dans les monuments du cœur. Le genre de tombeaux dont le xviie siècle fut la grande époque à cause de ses grandioses créations,

----

1. Par exemple, les cérémonies funèbres de :

1° Le prince de Bourbon : « Au-dessus de cet arc de triomphe s'élevait un grand obélisque de lumières à deux faces. » Voir *Mercure de France*, avril, p. 337-344, année 1709;

2° Le Dauphin et de la Dauphine, année 1712: « Au-dessus, une pyramide dorée, aussi à la mosaïque, et ornée depuis le bas jusqu'au haut des deux côtés de cierges et de girandoles... à l'autel... Deux grandes pyramides en or, au bas desquelles était une grande girandole à plusieurs branches. » Voir *Mercure de France*, avril, p. 228-240, et mai, p. 219-249 ;

3° Le roi de Sardaigne, année 1733 : « Une pyramide de 21 lumières. » Voir *Mercure de France*, février, p. 386 ;

4° La reine de Sardaigne, année 1741, d'après les dessins de Pérault et de Slodtz: « Sur les quatre parties avancées (du cénotaphe) ou piédestaux de l'estrade, s'élevaient quatre torchères ornées de trois branches de cyprès de dix-huit pieds de haut chacune, nouée dans leurs passages l'une sur l'autre, et divisées en cinq parties, arrondies par chaque branche, diminuant par le haut en forme pyramidale. » A l'autel : une pyramide en argent de 42 lumières. » Voir *Mercure de France*, octobre, p. 2326.

peut être divisé en plusieurs types : 1° le type où l'on voit une colonne (1) surmontée du réceptacle du cœur et de petits génies, ou bien dont le soubassement s'orne de femmes allégoriques ; 2° le type où une urne (2) compose le motif principal ; 3° le type (3) où le cœur lui-même est supporté par des anges ; et enfin le type où une pyramide est le réceptacle du cœur (4).

---

1. Par exemple, les monuments du cœur de :

1° François II ;

2° Anne de Montmorency († 1567) par Barthélemy Prieur. Au musée du Louvre, n° 268 ;

3° Henri III, érigé à Saint-Cloud, 1594. Maintenant à l'église abbatiale de Saint-Denis ;

4° La famille de Cossé-Brissac, par Étienne de Hongre. Au musée du Louvre, n° 235. Voir Millin, *Ant. nat.*, t. I, n° III, pl. 18, p. 108.

2. Par exemple, l'urne du cœur du duc de Valois, vers 1656. Voir Millin. *Ant. nat.*, t. I, n° III, pl. 18, p. 108. A propos du mausolée du cœur de Henri II de Bourbon par Sarrazin, voir ci-dessus.

3. Par exemple :

1° Le grand monument à Louis XIII par Sarrazin, vers 1643, détruit, sauf les 4 Vertus en bas-relief qui sont au musée du Louvre, n° 818, 819, 820, 821. Autrefois à l'église des Pères de Jésus. Voir *le Mercure de France*, janvier 1738 ;

2° Le monument à Louis XIV par Guillaume Coustou l'aîné, 1714, qui était tout à fait semblable en composition à celui de son père. Jeté au creuset en 1804. Voir *le Mercure de France*, janvier 1738 ;

3° Le monument du cœur de Louis-Henri duc de Bourbon (Autrefois à l'église des Jésuites) par Van Clèves, vers 1711. Voir *Dict. sculpt. Fr.*, t. II, p. 486 ;

4° Le tombeau du cœur du cardinal de Retz par Girardon n'est qu'un ensemble du genre qui est décoré d'une femme allégorique. Voir Raunié, *Épit.*, t. II, p. 114.

4. Par exemple :

1° Le monument d'Antoine de Noailles, vers 1562, à la cathédrale de Bordeaux. Il se compose d'une pyramide sur un soubasse

La Mort au XVIIe *siècle*. — Maintenant nous avons à discuter l'introduction dans le tombeau de cette époque du motif de la Mort et la façon dont on l'a traité. Le tombeau du moyen âge fut essentiellement calme, sans aucun rapport avec la destinée du corps. Au XVe siècle apparut la représentation du cadavre du défunt, non pas, il faut bien le noter, de la Mort (1). Le monument funèbre de René de Chalons, par Liguier Richier (2) représente, conformément au désir du défunt, le cadavre déjà décomposé du duc qui offre son cœur à Dieu. Ce genre de tombeau, c'est-à-dire celui qui comporte la représentation du cadavre, se continua au XVIe siècle avec des monuments comme celui de Valentine Balbiani (3), par Pilon. Mais en général, avant le XVIIIe siècle ou à la fin du XVIIe, la représentation de la Mort est bornée aux motifs décoratifs, savoir les têtes de mort et les os croisés qui apparaissent dans une œuvre joyeuse comme le monument du cœur de François Ier de Pierre Bontemps (4). Le squelette entre dans les tom-

---

ment. Ce type aussi apparut en Angleterre dans le tombeau de dame Margaret Holy, à Bisham Abbey, vers 1600 ;

2° La pyramide qui renferme les cœurs des ducs de Longueville par François Anguier (voir ci-dessus). Au musée du Louvre, n° 485. Voir Millin, *Ant. nat.*, t. I, n° III, pl. 17, p. 104.

1. Voir *L'Art religieux à la fin du moyen âge*, par M. E. Mâle, p. 468 et suiv. L'église de Maignelay contient une pierre tombale du XVIe siècle qui est décorée de deux squelettes qui tiennent des rouleaux. Jean de Beauneveau, dans son tombeau à la cathédrale d'Angers, est représenté en squelette, vers 1502.

2. A l'église de Saint-Pierre, Bar-le-Duc, 1544.

3. Au musée du Louvre. Salle de Jean Goujon.

4. Maintenant à l'église abbatiale de Saint-Denis, transept du sud.

beaux du Bernin (1). Il porte en volant le médaillon d'Alessandra Valtrini. Au-dessus de la statue d'Urbain VIII, il trace l'inscription du monument. En France ce motif, en même temps que l'idée du lit de mort de Le Brun, apparut au dernier tiers du xviie siècle en cariatide (2) et en porte-flambeau (3) dans la cérémonie funèbre. Dans le tombeau de Lulli (4), la Mort écartait la draperie du buste du musicien, thème souvent répété. Pendant la période de transition (1690-1720), le squelette, contraste heureux dans les allégories banales, devient un acteur parmi les personnages des scènes dramatiques qui se développèrent au xviiie siècle.

En résumé, nous avons essayé de tracer très rapidement l'histoire de la sculpture funéraire en France au xviie siècle. Nous avons tenté de classer les tombeaux selon la façon de représenter le défunt, priant ou demi-couché, en buste ou en médaillon, d'analyser les motifs décoratifs, les vases fumants, la

---

1. Voir ci-dessus.

2. Par exemple :

1° Le décor du chœur dessiné par Le Brun pour la cérémonie funèbre du chancelier Séguier, 1672;

2° Aux coins du cénotaphe du duc d'Aumont, 1670, dessiné par Lepautre;

3° La cérémonie funèbre d'Henriette d'Angleterre, 1665, aussi dessinée par Lepautre.

3. Voir les grands squelettes qui tiennent les torchères du cénotaphe du chancelier Séguier, 1672, dessinés par Le Brun qui les a substitués aux Vertus cardinales.

4. Le tombeau de Lulli, par Michel Cotton, 1688. Voir ci-dessus.

pyramide et la Mort qui accompagnaient la statue du défunt. On a vu qu'elle fut entourée de femmes allégoriques, en général les Vertus qui ont obsédé l'imagination funéraire des sculpteurs français depuis le temps de Jean Perréal. Et enfin nous avons essayé de montrer le développement de la conception du tombeau comme une scène unifiée et dramatique.

CHAPITRE PREMIER

LA SCULPTURE FUNÉRAIRE EN FRANCE
DE 1690 à 1720

Dans ce chapitre, où nous nous proposons d'étudier la sculpture funéraire de transition qui fait suite au style du XVIIe siècle proprement dit, nous examinerons la période comprise entre la mort de Le Brun et celle de Coysevox en 1720. Ces années ne forment pas une période nettement déterminée car elles ne font que continuer la grande conception que nous avons vu apparaître vers 1690. Cependant, c'est vers 1690 que les éléments de l'allégorie et du drame, surtout de la Mort, qui ont fait leur entrée avec le règne personnel de Louis XIV, jouent un rôle de plus en plus capital. Nous avons étudié l'influence que Le Brun avait exercée dans cette transformation. Comme peintre et comme décorateur, il a conçu le tombeau comme une scène dramatique et unifiée. Avec le tombeau de Richelieu, il a créé une œuvre qui marque même sur le Bernin un progrès considérable. Chez celui-ci, c'est le décor et le style mouvementé qui contribuent en grande partie à l'impression du drame. Chez Le Brun c'est la pensée centrale. En un mot, le mausolée de Richelieu reste l'expression la plus éclatante et la plus parfaite de la nouvelle conception funéraire en France. Louis Gonse (1), en le comparant avec le mausolée de Mazarin et de Colbert a méconnu son vrai caractère. D'après lui, l'œuvre de Girardon et de Le Brun « complète les tentatives des Anguier et inaugura avec les mausolées de Mazarin, de Colbert et de Vaubrun par Coysevox, l'ère de ces grands tombeaux pompeux et magnifiques qui caractérisent la sculpture funéraire des règnes de Louis XIV et de Louis XV, de ces tombeaux d'apparat où les âmes hautaines des grands, suivant le mot lapidaire de Malherbe « font encore les vaines ». Le mausolée de Mazarin par Coysevox est de 1692, celui de Richelieu par Girardon de 1694 ». Mais ces « tombeaux d'apparat, furent introduits en France avant 1692. Le tombeau du duc de Montmorency par François Anguier (1652) est un ensemble beaucoup plus pompeux et magnifique que le tombeau de Richelieu. Puis, les mausolées de Mazarin et de Colbert sont conçus d'après des idées tout à fait opposées à la conception dramatique du chef-d'œuvre de Girardon. Ils forment des ensembles calmes et équilibrés, où les femmes allégoriques restent, au soubassement, séparées de la statue agenouillée sur le sarcophage, tandis qu'au tombeau de Richelieu, une femme allégorique, après avoir été simplement décorative, devient, pour la première fois, un vrai acteur dans la composition.

____

1. *La Sculpture française*, Paris, 1895, in-folio, p. 176.

Quant à la date de 1720, elle est celle de la mort de Coysevox qui disparut le dernier des sculpteurs du xvıı⁰ siècle proprement dit. Les sculpteurs de cette période de transition, naturellement indécise et caractérisée par un mélange de styles et de conceptions, se divisent plus ou moins nettement en deux groupes : 1⁰ ceux qui, nés dans le second quart du siècle, furent les contemporains de Louis XIV : 2⁰ la génération de la période de transition composée des sculpteurs nés vers 1660 qui travaillaient encore dans la première moitié du xvııı⁰ siècle. Il est bien entendu que cette division ne s'applique qu'aux sculpteurs de tombeaux, car une étude sur l'ensemble de la sculpture française entre 1690 et 1720 est encore à faire. D'après cette division on peut mettre dans le premier groupe :

Girardon	1626-1715
Jean-Baptiste Tuby	1630-1700
Louis Garnier	1639-1728
Coysevox	1640-1720
Van Clève	1645-1732
Simon Hurtrelle	1648-1724
Simon Mazière	1649 vers 1720
Jacques Bernus	1650-1728
Jean-Baptiste Poultier	1653-1719
Nicolas Renard	1654-1720

Le deuxième groupe se compose de :

Pierre Monnot	1657-1733
Nicolas Coustou I	1658-1733
René Chauveau	1663-1722

Robert le Lorrain..............	1663-1743
François Cressent...........	1663 après 1735
Pierre II le Gros..............	1666-1719
J.-B. Bouchardon.............	1667-1742
Jean-Ange Maucord..........	1673-1761
René Charpentier............	1680-1723
François-Antoine Vassé.......	1681-1736
François Dumont.............	1688-1726

Girardon. — Parmi les sculpteurs du premier groupe, Girardon joue surtout un rôle considérable parce que, en dehors de son œuvre funéraire elle-même, on pourrait dire que de son atelier sortiront beaucoup d'artistes de la génération de transition, et même du plein XVIIIe siècle. Nous avons déjà étudié son œuvre funéraire avant 1690.

Le tombeau, ou plutôt l'inscription décorée de Claude Barbier de Metz (1) exécutée vers 1690 ne consiste qu'en un médaillon du défunt sur un fond surmonté d'un cœur enflammé. Au-dessous, on voit deux petits génies.

Vers 1691, Girardon fit un monument commémoratif (2) de ses dons et de la fondation d'une messe basse pour le repos de son père et de sa mère, pour l'église Saint-Remi à Troyes. Le monument est décoré

---

1. Maintenant à l'église de Saint-Villebroke de Gravelines (Nord). Gravure par Sébastien Leclerc. Celui de la famille de Du Metz, autrefois à l'église de Saint-Paul, Paris, est perdu. Voir Germain Brice, *Descrip. de Paris*, t. II, p. 25.

2. Voyez aussi le monument commémoratif à Louis XIV que Girardon donna à la ville de Troyes en 1687. Il n'est qu'une inscription décorée d'un médaillon. Gravure par Sébastien Leclerc.

d'un bas-relief d'un squelette en buste, les mains jointes en prière.

En 1699, en collaboration avec Desjardins et Van Clève, il exécuta le tombeau de François Le Tellier, marquis de Louvois, qui fut érigé dans l'église des Capucines de la place Vendôme (1). La statue du marquis, la figure en bronze de la Prudence qui décore un des côtés du soubassement, et tous les ornements ont été exécutés par Girardon. Les statues de la marquise et de la Vigilance sont dues à Desjardins, quoique le marbre de la première ait été sculpté par Van Clève, mais d'après le modèle de Desjardins. Le tombeau, avec le grand fond architectural, les deux Vertus assises au soubassement et les époux vêtus à l'antique, l'un couché, l'autre agenouillée sur le sarcophage, ressemble fort au mausolée du duc de Montmorency, exécuté quarante ans auparavant par François Anguier. On n'y sent la transition ni pour le style ni pour la composition.

D'autre part, le contraire est vrai pour le tombeau de Catherine Duchemin (2), femme de Girardon, exécuté en 1705, d'après ses modèles et sous sa direc-

---

1. Transporté en 1819 à Tonnerre (Yonne), dans la chapelle de l'hospice. Gravure par Aveline. Voir Germain Brice, *Descrip. de Paris*, t. I, p. 352, et Raunié, *Épit.*, t. II, p. 135.

2. Autrefois à l'église Saint-Landry. Il se trouve en partie au chœur de l'église Sainte-Marguerite (faubourg Saint-Antoine), derrière le maître-autel. Gravure au Millin, *Ant. nat.*, t. V, n° 59, pl. 2, p. 9.

tion par ses élèves Nourisson et Robert le Lorrain, qui avaient déjà travaillé au tombeau de Richelieu. La conception en est une reprise d'un sujet religieux fréquemment traité dans les pierres tombales de la fin du moyen âge : la Pieta. Mais ce qui est plus extraordinaire que le sujet, c'est le style. On y est saisi par l'illusion de la vie, du mouvement que le Lorrain développera plus tard dans *les Chevaux du Soleil à l'abreuvoir*, de l'hôtel Rohan. Ce frissonnement de la vie est si puissant, que, en le regardant de la chapelle du nord de l'église Sainte-Marguerite, il semble que la draperie de la croix flotte au gré du vent et que les petits génies volent véritablement. Le contraste entre les coloris des différents marbres, élément très important au xviiie siècle, joue un rôle assez considérable dans cette illusion. Le Christ mort, la Vierge, les anges, et la croix en marbre blanc s'élèvent sur un fond de marbre bleu de Languedoc. L'ensemble reposait sur un grand sarcophage de marbre vert d'Égypte.

Après Girardon, nous avons les sculpteurs, ses contemporains, dont le style funéraire montre les mêmes caractéristiques que le sien. Il est quelquefois très difficile de suivre l'évolution de plusieurs artistes dans la vie desquels on trouve des périodes entières qui ne contiennent pas une seule commande de tombeau.

Louis Garnier. — Le monument du cœur (1) de

---

1 Il se trouve aujourd'hui dans la chapelle du collège des

Jacques II d'Angleterre, exécuté par Louis Garnier en 1703, n'était qu'une élaboration du type particulier de médaillon déjà employé par Girardon dans les tombeaux de Bonneau, de Tracy et de la présidente de Lamoignon. Il se composait d'un grand piédestal de marbre gris soutenant un sarcophage en marbre noir qui portait un petit obélisque posé également sur un piédestal et surmonté d'un petit vase fumant, le tout en marbre blanc et encadré par des rideaux de marbre blanc garnis de glands et de franges. Au milieu du piédestal de l'obélisque était posée une urne surmontée d'une couronne royale, dans laquelle avait été enfermé le cerveau de Jacques II et accompagnée de deux petits génies assis aux angles. Contre le sommet de l'obélisque était fixé un médaillon entouré de palmes avec le portrait du roi.

Coysevox. — Dans son ouvrage (1) sur Coysevox, Henri Jouin appelle la décade de 1692 à 1702 la période des mausolées. Cette division arbitraire n'est pas exacte, car d'un côté, comme nous l'avons déjà vu, le monument de Colbert date de 1683-1685, le buste de Lulli de 1688, et le tombeau de Le Brun de 1690, et d'autre part, nous avons, après 1702, les mausolées d'Henri de Lorraine (1704-1711), du marquis

---

Écossais (l'ancienne rue des Fossés-Saint-Victor). Le monument fut élevé par Jacques Drummont, duc de Perth. Voir Raunié, *Épit.*, t. III, p. 530.

1. *Antoine Coysevox, sa vie, son œuvre et ses contemporains,* par Henri Jouin. Paris, 1883 (in-8°), chap. IV, p. 94.

de Vaubrun (1705), de Le Nôtre (1707) et de Mansard (1708). Cependant le nombre des mausolées exécutés entre 1692 et 1702 par Coysevox est assez considérable. Comme type et comme style ils sont naturellement très mélangés.

Le grand monument de Mazarin (1) dont le marché d'exécution fut signé en 1689, fut terminé en 1692. Avec le fond architectural, les femmes allégoriques au soubassement et la statue agenouillée sur le sarcophage, il est conçu dans la tradition grandiose et calme de la seconde moitié du siècle. Mais le geste du cardinal est beaucoup plus libre que celui du simple priant.

En 1695, Coysevox termina le tombeau de François Créqui d'après les dessins de Le Brun. En conséquence, la conception date d'avant 1690. Il fut érigé dans l'église des Jacobins, rue Saint-Honoré. Seule la figure du maréchal, dont le buste se trouve aujourd'hui à Saint-Roch, était de Coysevox. Les ornements et les deux vertus, qui pleuraient sa perte, étaient dus à Nicolas Coustou et à Jean Joly et furent détruits sous la Révolution. D'après une mauvaise gravure, reproduite dans *les Antiquités nationales* de Millin (2), le fond se composait d'une pyramide, au milieu de laquelle s'élevait un petit édifice qui renfermait la statue agenouillée de Créqui. Aux deux

____

1. Voir ci-dessus au musée du Louvre, nᵒ 552, autrefois au collège des Quatre-Nations.
2. T. I, nᵒ 1, pl. V, p. 45.

côtés du soubassement qui portait l'inscription étaient assises les deux vertus.

Le monument de François Argouges (1), qui se compose d'un médaillon du défunt porté par une femme allégorique assise, date d'après 1691. Dans cette œuvre, Coysevox a continué le type introduit probablement en France avec le tombeau de Pierre Brulart (2), mort en 1608, et imité par Tuby, Desjardins et d'autres sculpteurs.

Le tombeau en stuc doré de Ferdinand Egon de Furstenberg (3), mort en 1696, et autrefois à l'église de Saint-Germain-des-Prés, se composait d'un pseudo-sarcophage adossé au mur et orné de deux petits génies et des armes du défunt.

On ne connaît pas la date de la statue demi-couchée de Jacques O' Rourske Cousen (mort en 1645) qui se trouvait aussi à l'église Saint-Germain-des-Prés. Lenoir dit (4) que le tombeau fut élevé par Mᵐᵉ de Créqui-Lesdighières, sa nièce. Depuis la clôture du musée des Petits-Augustins, il a disparu.

---

1. Maintenant au Musée de Versailles, n° 1898 du catalogue d'Eud. Soulié. Voir Germain Brice, *Desc. de Paris*, éd. de 1725, t. II, p. 332.

2. Voir l'Introduction.

3. Gravure par Chaufournier et Pigne, Coll. de Gaignières, Bib. nat. Cab. des estampes. P. e II a, f° 287. Voir Pig. de la Force, *Deser. de Paris*, t. VII, p. 60-62.

4. Voir *le Musée des monuments français*, par Alexandre Lenoir, 1806. Paris, t. V, p. 69-70. — *Le Musée Impérial des monuments français. Histoire des Arts en France et description chronologique*, par le même auteur. Paris, 1810, in-8°, p. 253.

D'après Thierry (1) et Brice (2), Coysevox exécuta le mausolée de la chancelière d'Aligre, autrefois à l'hôpital de la Miséricorde à Paris. Il se composait d'un sarcophage sur lequel était agenouillé le génie de la Religion ; par derrière se trouvait une pyramide terminée par un enroulement ionique surmonté d'une urne de bronze.

Les deux tombeaux qui sont à coup sûr, si l'on excepte peut-être le monument de Mazarin, les essais les plus importants de Coysevox dans la sculpture funéraire, sont ceux de Henri de Lorraine et du marquis de Vaubrun. Ils se rapprochent l'un de l'autre, par leur thème principal, c'est-à-dire le lit de mort, traité ici, comme dans le tombeau de Richelieu, d'une manière allégorique.

La conception du tombeau du marquis de Vaubrun, bien que l'œuvre n'ait été terminée par Coysevox qu'en 1705, est bien due à Le Brun et date, comme nous l'avons vu (3), d'avant 1690. En conséquence, elle ne nous concerne pas ici.

La mausolée du comte d'Harcourt dont le marché (4) date de 1704, fut exécuté par Coysevox (5)

---

1. *Guide des amateurs et des étrangers voyageurs à Paris*, 1787. Paris, 8°, t. II, p. 169.

2. *Description de Paris*, par Germain Brice, éd. de 1717 et de 1725. Paris, t. I, p. 113.

3. Voir l'Introduction.

4. *Archives de l'Art français*, 1re série, t. IV, p. 175.

5. Signé année 1711. Autrefois à l'abbaye de Royaumont. Aujourd'hui en partie à l'église d'Asnières-sur-Oise.

d'après un dessin (1) de Robert de Cotte, qui imita, comme M. Brière l'a noté, le monument de Turenne. D'après la gravure de Millin (2), deux socles de marbre de Languedoc et de France supportaient quatre consoles de marbre blanc entre lesquelles était placé un bas-relief en bronze représentant la Prise de Turin. Ce piédestal supportait le sarcophage de marbre portor, au-dessus duquel on voyait le groupe formé par le comte couché et appuyé sur le bras de la Renommée agenouillée qui portait à la main gauche une couronne. Le fond se composait d'un grand rideau de stuc supporté par deux renommées.

Le tombeau de Le Nôtre (3), érigé en 1707 par sa veuve, était un mélange curieux. Au-dessus du buste de l'artiste et sans aucune relation avec lui, on voyait une femme assise symbolisant la Foi qui se penchait sur l'inscription. Le monument était encadré, par une arcade. Le second élément, c'est-à-dire la femme allégorique avec l'épitaphe, rappelle fort la femme des tombeaux de Dreux (Hennequin), de Sarrazin et de la princesse de Conti par Girardon (4).

---

1. Bibl. nat. Estampes, topographie de la France, Seine-et-Oise. Va 347. Reproduit dans l'article de M. Gaston Brière, *Une œuvre de Coysevox; le Tombeau de Henri de Lorraine, comte d'Harcourt (Revue d'Histoire moderne et contemporaine,* t. II, année 1899-1900, p. 169-177).

2. *Arch. nat.*, t. II, n° 11; pl. II, p. 5.

3. Gravure dans la Coll. de Gaignières. Bibl. nat. Cab. des estampes Pe.IIa, f° 172. Le buste se trouve actuellement à l'église Saint-Roch. Voir aussi *le Musée des monuments français,* t. III, p. 263.

4. Voir l'Introduction.

Le monument que Coysevox érigea à Mansard (1) mort en 1708, était très simple, car il ne se composait que d'un médaillon qui surmontait l'épitaphe. D'après Stanislas Lami (2), le médaillon se trouve actuellement dans un des magasins de l'église abbatiale de Saint-Denis.

Van Clève. — Van Clève, jadis si académique et si classique dans son exécution (d'après les modèles de Desjardins) de la statue de la marquise de Louvois, exécuta en 1706, d'après les dessins de l'architecte Oppenord, le tombeau curieux d'Anne des Essarts, autrefois à l'église Saint-Benoît à Paris. Il ne se composait que d'un buste et de deux têtes de mort au-dessus de l'inscription. Dezallier-Dargenville, écrivant en 1787 (3), dit que, sur les représentations du curé, la famille fit remplacer le buste par l'urne qu'on voit dans la gravure du monument (4). Il est malheureux que Dezallier ne donne pas la date de ce remplacement parce qu'elle serait une indication précieuse sur le changement du goût. Mais même avant la date reculée de 1706, on voit apparaître ce genre d'urne, qui, en remplaçant la représentation du défunt sera si funeste à la sculpture funéraire dans la seconde moitié du XVIIIe siècle.

---

1. Voir *le Musée des monuments français*, t. III, p. 188. (Invent. des rich. Art. Fr.)

2. Piganiol de la Force, *Descript. de Paris*, t. IV, p. 170-171. — *Dict. sculpt. fr.*, t. II, p. 132.

3. *Vie des fameux sculpteurs*, t. II, p. 248. Paris, 1787.

4. Reproduit dans Raunié, *l'Épit*, t. I, p. 371.

Les renseignements sur le monument du cœur de
Louis-Henri, duc de Bourbon, autrefois à l'église des
Jésuites, exécuté par Van Cléve en 1711, ne sont pas
très clairs. On sait seulement qu'il consistait en un
ange tenant d'une main un cœur et de l'autre une
palme, accompagné d'une urne et de plusieurs ornements de bronze doré.

Simon Hurtrelle. — Simon Hurtrelle, dont nous
avons étudié ci-dessus les tombeaux de Le Tellier et de
Charles duc de Créqui, exécutés en collaboration avec
Mazeline, essayera en 1712 le type de médaillon dans
le mausolée de Nicolas Catinat (1), maréchal de France,
qui, selon Dulaure (2), se compose d'un médaillon en
marbre représentant le défunt soulevé par trois génies
et par une figure symbolisant la Religion.

Le grand nombre de tombeaux de ce genre, à cette
époque, était dû probablement au fait qu'il se prête
très facilement à l'allégorie, comme on le voit par la
quantité énorme des tableaux, et des gravures de cette
composition exécutés en l'honneur des personnages
importants de cette époque. En réduisant à une forme
d'une exécution beaucoup plus rapide la représentation du défunt, qui était autrefois une statue entière,
le sculpteur reste libre de porter tous ses efforts sur
les statues allégoriques.

Simon Mazière. — D'autre part, Simon Mazière

----

1. A l'église paroissiale Saint-Gratien (Seine-et-Oise).
2. *Nouvelle description des environs de Paris.* Paris, 1790, t. I,
p. 253-255.

continue en 1710 la vieille tradition de la première moitié du xvii⁰ siècle, dans le tombeau de Jean de Camus (1), conseiller à la Cour des Aides de Paris, où le défunt est représenté à genoux. Un ange de marbre blanc, tenant un livre ouvert devant lui, rappelait fort le monument du cardinal Berulle par François Anquier.

Le tombeau de Nicolas Menager (2), autrefois à Saint-Roch, qui fut exécuté par Mazière en 1715, se composait d'un médaillon placé contre une pyramide. En conséquence, il se rapproche des trois œuvres où Girardon (3) a adopté cette même composition.

Jacques Bernus. — C'est encore le tombeau du cardinal Berulle par Anquier, qui inspira le groupe central, création remarquable d'un sculpteur de province, savoir : le tombeau de Laurent Buty, évêque de Carpentras, exécuté entre 1705 et 1708, par Jacques Bernus (4). « Sur un sarcophage de style

---

1. Autrefois aux Blancs-Manteaux. Gravé dans Millin, *Ant. nat.*, t. IV, n° 47, pl. II, p. 8. Voir aussi *le Musée des mon. fr.*, t. II, p. 34. (Invent. rich. Art. Fr.). Ce monument fut probablement imité par Gaspard Reynier, de Lyon, quand il exécuta en 1716 le monument du cardinal Camus qui se trouve mutilé à la cathédrale de Grenoble.

2. Le médaillon se trouve actuellement à l'escalier des bureaux de la conservation du musée de Versailles. Gravé dans la coll. de Gaignières, Bibl. nat. des Estampes. Pe II a, f°. 218. Voir *le Musée des monuments français* (Invent. Rich. Art. Fr.), t. III, p. 263.

3. Voir l'introduction. Deux autres tombeaux se rattachent à ce type : *a*) le monument de Natalis Le Blond, mort en 1697 à l'église de Pontoise (Seine-et-Oise) ; *b*) le mausolée d'André Blanchard, 1696, au musée de Pontoise.

4. Il se trouve à la cathédrale de Carpentras.

renaissance, supporté par un soubassement assez
haut, se voit la statue de Buty, revêtu du rochet et
de la mozette, à genoux sur un coussin dans l'attitude de la prière. Devant lui, un ange, dans une pose
gracieuse, tient un livre ouvert. » Mais là se termine
toute ressemblance avec le tombeau du xviiᵉ siècle.
Car au-dessus du groupe du prélat et de l'ange, on
voit la figure du Temps qui soulève une draperie.
Dans une main il tenait une faux. Cet élément
d'allégorie est sans doute emprunté aux cérémonies
funèbres. D'après le dessin original de Bernus :
« Quatre anges devaient être représentés autour du
monument : l'un avait en main les attributs de
l'épiscopat ; le second tenait un miroir ; un troisième
semblait montrer sur un livre ouvert les bienfaits et
les fondations de l'illustre défunt ; enfin le quatrième
est celui qui a été conservé sur le tombeau (1). » Ces
anges, qui sont peut-être un souvenir des anges, du
moyen âge et surtout du mausolée de Louis XI, se
sont substitués d'une façon curieuse aux vertus traditionnelles.

J.-P. Poultier. — Dans le monument du marquis
de l'Hôpital (2) mort en 1702, Poultier imita les

____

1. Voir *la Monographie de l'église cathédrale Saint-Siffrein
de Carpentras*, par E. Andréoli, 1862. Paris, in-8°, p. 135 et suiv.
2. Actuellement en partie à l'église Notre-Dame-des-Victoires,
chapelle de Saint-Joseph, Paris. Autrefois au couvent des Augustins-Déchaussés. Reproduit en Raunié, *Épit.*, t. I, p. 233. Le tombeau de Joseph Le Clerc de Lesseville et de sa femme, mort en 1700,
est un exemple de ce type en bas-relief. Gravé dans Millin. *Ant.
nat.*, t. III, p. 4, n° 2. Autrefois au couvent des Grands-Augustins.

œuvres antérieures de Tuby et de Desjardins (1), c'est-à-dire le type de tombeau où le médaillon est supporté par une femme allégorique.

N. Renard. — L'ensemble funéraire des d'Harcourt (2) exécuté par Nicolas Renard en 1693 est l'exemple le plus considérable du genre où les figures allégoriques prennent la place de la statue du défunt. Une pyramide de marbre bleu turquin s'élève au-dessus d'un sarcophage de marbre noir supporté par un piédestal fort exhaussé, sur le devant duquel est un bas-relief doré d'or moulu, où on voit la Victoire qui présente Henri de Lorraine à la Religion. Au-dessus, assise sur le sarcophage qui porte le médaillon d'Henri, à sa droite est le Temps, qui écrit dans le livre les exploits du défunt ; à sa gauche, le médaillon d'Alphonse, son fils.

Après les sculpteurs, qui furent les contemporains et les confrères de Coysevox et de Girardon, viennent les artistes du groupe de transition. Dans ce groupe, nous avons trois sculpteurs qui avaient travaillé surtout à l'étranger. Les deux plus importants Pierre Monnot et Pierre de Gros II, ont passé presque toute leur vie d'artiste à Rome.

Pierre Monnot. — Monnot l'aîné (1657-1733) y

---

1. Dans les tombeaux de Cureau de la Chambre et d'Antoine Aubrai. Voir l'introduction.

2. Autrefois aux Feuillants. Il se trouve aujourd'hui, à l'église Saint-Roch, la première chapelle du bas-côté à droite. Gravé dans Millin., *Ant. nat.*, t. I, n° 5, p. 2, fig. 3. Attribué à tort, par Henri Jouin à Coysevox.

séjourna de 1687 jusqu'à 1712, époque où il se rendit à Cassel auprès du landgrave Charles de Hesse. Son œuvre funéraire, sauf un petit monument à son fils (1), érigé beaucoup plus tard, fut exécutée pendant son séjour à Rome.

Son premier tombeau est celui d'Innocent XI à la basilique de Saint-Pierre, qui date de 1697 à 1700. Probablement exécuté d'après les dessins du peintre Carlo Maratta, il n'a pas grand intérêt pour la sculpture funéraire en France : il continue le type purement italien, c'est-à-dire qu'il représente la statue assise du défunt. Néanmoins, l'ensemble est si saisissant, l'effigie du pape si vivante que, en admettant l'aspect italien du mausolée, il fait honneur à l'école française. Le pape tient les clefs dans sa main gauche et de l'autre semble bénir la fin du siège de Vienne par les Turcs, siège qui constitue le sujet du bas-relief de marbre blanc décorant le piédestal de

____

1. À François-Alexandre Monnot, érigé en 1728. « Ce petit monument fixé à l'une des colonnes de la partie supérieure du cloître de Fritzlau, près de Cassel, a une hauteur totale de 1 m. 53 et une largeur de 33 centimètres. Il se compose d'une table de marbre blanc qui a pour soubassement une table de marbre noir. La table supérieure a pour couronnement une sorte de fronton surmonté d'une croix ; elle est encadrée d'une bordure de marbre jaune et présente en demi-relief le buste profil d'un jeune homme ayant le type romain. La table inférieure en marbre noir avec encadrement de marbre blanc, renferme l'épitaphe du même jeune homme. Sur un calot qui termine le monument on voit deux images emblématiques en relief ; au-dessus, un phénix, plus bas deux flambeaux en sautoir. » Cité dans *Pierre Monnot, sculpteur français. Notice sur sa vie et ses ouvrages*, par Auguste Castan. (Réunion des Sociétés des Beaux-Arts des départements), 1887, p. 116-173.

marbre gris de la statue funéraire. Deux lions de bronze doré supportent le sarcophage en marbre noir. Le soubassement du monument est de marbre jaune. Deux femmes allégoriques, la Religion et la Valeur sont assises aux consoles du sarcophage, disposition introduite déjà depuis longtemps par Jacopo Della Porta dans le tombeau de Paul III (1) (mort en 1550), mais la Religion, les yeux tournés vers le pape, est imitée directement du Bernin.

Vers 1699, Monnot fit la statue du cardinal Savo Millino pour la chapelle Millino de l'église Sainte-Marie du peuple (2). Il n'y pouvait pas créer une œuvre originale ou indépendante, car la chapelle avait déjà reçu sa forme définitive, et il ne lui fallait faire qu'un tombeau dont la composition devait être semblable à celle du monument d'un autre prélat de la même famille qui se trouvait adossé au mur de l'ouest. Par conséquent, l'œuvre, comme le tombeau d'Innocent XI, est tout à fait dans la tradition italienne. La statue en marbre blanc du prélat que le sculpteur a représenté à mi-corps et de face, avec la barette cardinalice dans la main droite et un livre à moitié ouvert dans la main gauche, se trouve dans la niche d'un encadrement d'architecture de marbres jaune gris et blanc, qui est surmonté d'un pédiment brisé et des armes du défunt. Derrière la statue s'élève une pyramide de marbre jaune. Le fond de la

---

1. Également à Saint-Pierre (l'apse, côté à gauche).
2. Troisième chapelle du bas-côté du nord.

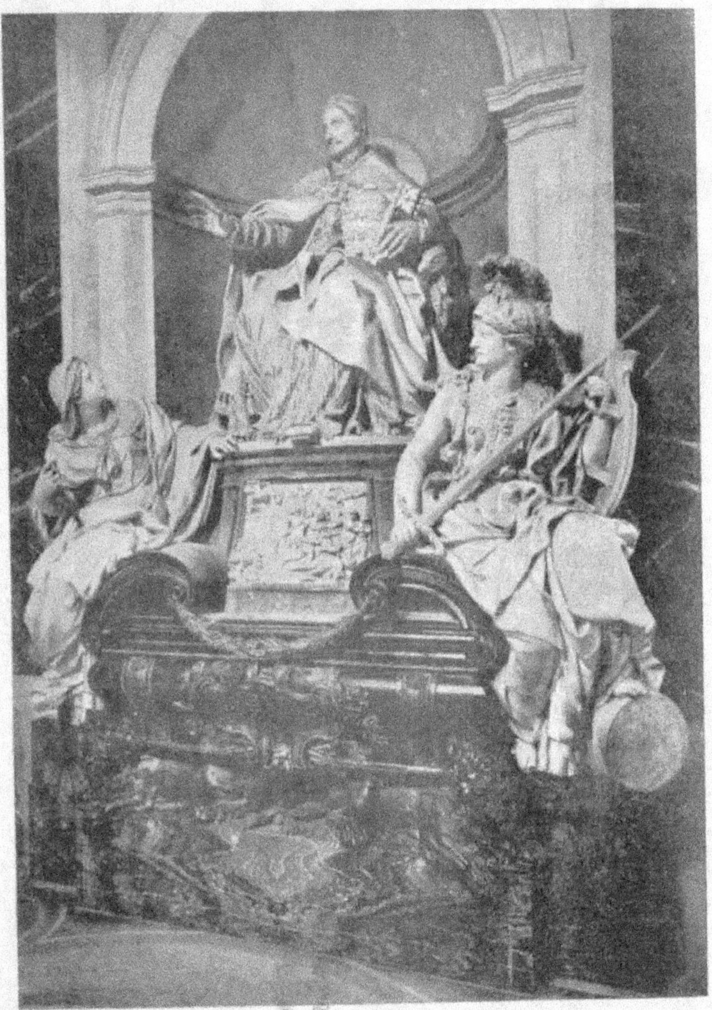

Mausolée d'Innocent XI

par Pierre MONNOT

Saint-Pierre de Rome.

PLANCHE III

niche est de marbre noir. On a ajouté de chaque côté de l'encadrement un buste d'un membre de la famille Millino et une figure de femme allégorique qui est placée au-dessus du buste. L'effet de l'ensemble est ainsi tout à fait gâté mais la statue du cardinal reste encore une effigie réaliste et mouvementée.

Puis, Monnot exécuta, d'après les modèles de Le Gros, les deux renommées du mausolée de Grégoire XV.

Mais ses patrons n'étaient pas seulement les prélats italiens, car son chef-d'œuvre fut fait pour un Anglais alors voyageur à Rome : John Cecil, comte d'Exeter, dont le château, Burghley House, partage avec Rome et Cassel les ouvrages de notre sculpteur. Le tombeau du comte et de sa femme porte la date de 1707. Il fut exécuté à Rome et envoyé à Stamford où il fut érigé dans l'église de Saint-Martin. Dans ce mausolée, Monnot ne travailla pas pour un Italien mais pour un homme d'un pays, où la sculpture monumentale ne fut introduite que quarante ans plus tard par le sculpteur Roubillac, et par conséquent, pour un patron d'un pays dépourvu de tradition funéraire ; il est revenu à la tradition purement française et a érigé un tombeau tout en marbre blanc du type demi-couché. Le comte d'Exeter, vêtu à la romaine, est couché sur le sarcophage. Derrière lui, et aussi vêtue à l'antique, est sa femme assise, qui, ayant une plume dans la main droite et soutenant avec la main gauche un livre ouvert, semble s'apprêter à écrire ce que son mari va dicter. Au soubassement, sont la Sagesse et la Science debout. Au-dessus, et elle-même sur un soubassement assez élevé est une pyramide épaisse, qui porte au sommet un petit ange soutenant un cercle d'or, symbole d'éternité. M. Castan (1) dit que ce groupe très monumental du comte et de la comtesse est une heureuse imitation des plus belles représentations funéraires de la période romaine. Mais il ne faut pas aller si loin pour chercher l'origine de cette idée. Nous l'avons déjà trouvée dans les groupes du duc et de la duchesse de Montmorency par Anguier, et surtout de Louvois et de sa femme par Girardon.

Nicolas Coustou Ier. — Nicolas Coustou, bien qu'il fût par sa naissance contemporain des sculpteurs de la transition, n'inventa rien dans la sculpture funéraire : le mausolée de François-Louis de Bourbon (2) exécuté en 1705 ne se composait que d'un médaillon supporté par une femme allégorique assise.

René Chauveau. — René Chauveau, sculpteur en titre de Charles XI de Suède, exécuta, entre 1693 et 1697, d'après les dessins de Tessin, le catafalque (3)

---

1. Article cité page 36.

2. Autrefois à l'église Saint-André-des-Arcs. Actuellement au Musée de Versailles, n° 2860 (cat. de Soulié). Voir Raunié, *Épit.*, t. I, p. 9. — Pign. Foree, *Descript. Paris*, t. VII, p. 81. *Musée des monuments français* (Invent. rich. art. fr.), t. III, p. 269.

3. Gravé par Sébastien Le Clerc, 1697, n° 261 du *Catalogue des œuvres de Le Clerc* par Jombert, t. II, p. 1278.

Voir aussi *le Mémoire sur la vie de François Chauveau, peintre et graveur et de ses fils, Évrard Chauveau, peintre et René Chauveau,*

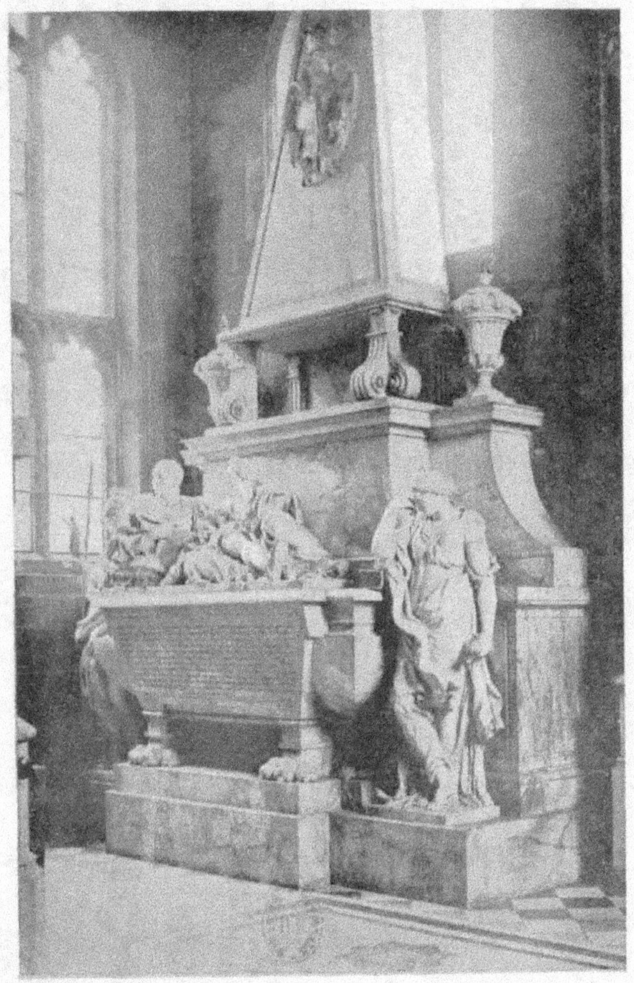

Tombeau de John Cécil, Comte d'Exeter

par Pierre MONNOT

Église Saint-Martin, Stamford, Angleterre.

PLANCHE IV

de la cérémonie funèbre de la reine de Suède, mère de Charles XII.

Le tombeau des marquis de Beuvron (1), qu'il érigea après son séjour en Suède, c'est-à-dire après 1700 (2), à La Mailleraye-sur-Seine (Seine-Inférieure) a disparu.

Robert le Lorrain. — Le Lorrain exécuta en 1720 le tombeau de Joseph Benoît, directeur de la Monnaie d'Orléans. M. Didier, le conservateur du musée d'Orléans, a eu l'amabilité de m'écrire qu'il n'a pu trouver aucune trace de ce mausolée, qui décorait jadis l'église de Saint-Pierre-le-Martroi. Par conséquent, la description de Dezallier Dargenville est très précieuse. La voici : « Il (le tombeau) est adossé au mur de la nef, en entrant, et représente un enfant en marbre qui tient d'une main un sable, et de l'autre, montre un Christ, exécuté en marbre par Girardon. Cet enfant écrase sous son pied un serpent : on voit par terre, à côté de lui, un livre ouvert et une tête de mort. Le monument est décoré de deux petites têtes de chérubins, et de cassolettes. Le tout est surmonté

---

sculpteur, par Jean-Michel Papillon, Paris, 1738, p. 33. « M. Le Clerc a gravé quelques morceaux de la composition de René Chauveau que ce sculpteur a fait exécuter : entre autres le catafalque ou mausolée de la reine de Suède, mère de Charles XII, lequel a paru comme étant de la composition de M. de Tessin. »

1. Voir Papillon, *op. cit.* p. 33.

2. C'est la date qui est donnée par Dargenville, *Vie des fameux sculpteurs*, t. II, p. 299, 1787, Paris. Stanislas Lami, dans son *Dictionnaire des sculpteurs de l'École française*, t. II, p. 314, donne la date de 1730; sur quelle autorité ? Je ne sais pas.

F. Ingersoll-Smouse

6

d'une nuée (1). » La conception du tombeau semble un peu confuse, car nous y voyons deux représentations du Christ, d'abord le Christ de Girardon qui rappelle fort le tombeau de Catherine Duchemin, et, en second lieu, l'Enfant Jésus qui écrase un serpent, la même idée que Blassel a employée dans le tombeau de François Vitry. Il faut noter aussi l'absence de toute représentation du défunt.

Le tombeau de Marguerite de Laïgue, veuve du comte de Religue, autrefois aux Jacobins du faubourg Saint-Germain, qui fut exécuté par le Lorrain, d'après le dessin de Gilles-Marie Oppenord, disparut à la Révolution. On sait seulement qu'il était décoré de deux bas-reliefs représentant une bataille et un combat naval (2).

François Cressent. — François Cressent, dont la réputation est obscurcie par la gloire de son fils, jouait à Amiens, entre 1690 et 1730, à peu près le même rôle que Blasset y a joué dans le second quart du XVIIe siècle. Il a exécuté cinq monuments funéraires dont malheureusement les trois plus importants ne nous sont connus que par des dessins ou par des descriptions. Le mausolée de la famille Creton, autrefois au cimetière Saint-Denis à Amiens, fut un exemple très important du type résurrection, que nous avons vu dans le tombeau de Julienne Le Bé, dessiné par Le Brun, et dont il devait être une assez fidèle imita-

<hr>

1. *Vie des fameux sculpteurs*, t. II, p. 299.
2. *Vie des fameux sculpteurs*, t. II, p. 298. Paris, 1787.

tion. Voici la description de Pagès (1) : « Devant
cette chapelle donnée par M. d'Ainval, il y a une
autre représentation pratiquée dans l'épaisseur de la
muraille, laquelle occupe toute la largeur de l'arcade :
elle nous fait voir la figure d'un ange qui, sonnant
de la trompette, semble avoir réveillé un cadavre
encore enveloppé en partie de son suaire et qui,
sortant à demi de son tombeau, paraît effrayé au
bruit de cet instrument qui l'avertit de venir com-
paraître devant le tribunal de Dieu, pour y être jugé.
Ces deux figures de pierres blanches, ont été sculptées de grandeur naturelle par M. Cressent qui les a
travaillées. Une table de marbre noir, taillée en ovale
et placée dans un cartouche attaché à une grande
pyramide, donne à connaître, par l'épitaphe qui y est
gravée en lettres dorées, que ce mausolée est placé
dans cet endroit pour honorer la mémoire de M. Adrien
Creton, magistrat au bailliage et siège présidial
d'Amiens : il a été élevé par la piété et par les soins
de M. Adrien Creton, seigneur de Vuillaumeville, etc. »
L'historien Duseval (*Monuments anciens et modernes
de la ville d'Amiens*, 57ᵉ article) témoigne que le
tombeau de la famille Creton « fixait l'attention des
connaisseurs à cause du talent avec lequel Cressent
avait su animer et donner, pour ainsi dire, de la vie à
l'ange admirable qui paraissait du haut de l'obé-

------

1. Cité par Robert Guerlin dans son article sur Fr. Cressent.
Réunion Sociétés des Beaux-Arts des départements, 1892, p. 299.
Voir un dessin dans *Vieil Amiens*, série IV. p. 49, par Louis
Duthoit.

lisque. La draperie dont le mausolée était en partie couvert ressemblait, dit-il, à une gaze légère, à un voile transparent.... Pourquoi faut-il, écrit le même auteur, que des vandales aient brisé le superbe ouvrage de cet artiste... lors de la suppression du cimetière Saint-Denis (1). »

Le monument du chanoine Houlon, érigé entre 1686 et 1696, date de la mort de Nicolas Houlon, est aussi malheureusement perdu, et nous n'en avons qu'un dessin récemment acquis par la Société des antiquaires de Picardie. Voici la description de M. Guerlin (p. 297) : « Le dessin nous montre, en effet, dans la partie centrale du monument légèrement en saillie, l'inscription renfermée dans un cadre accompagné de chutes de feuilles de chêne pendantes à droite et à gauche : au-dessus, dans un cartouche sommé du bâton de chantre, les armes du défunt... ; au-dessus du cartouche, la corniche s'arrondit pour former un fronton cintré, dominé par un couronnement qui se termine par une sorte de pot à feu surmonté d'une croix ; au-devant, deux anges séparés par une tête de mort reposent sur la corniche.

De chaque côté de l'inscription et quelque peu en retrait par rapport à elle, est une statue qui surmonte vers l'extrémité de la corniche un amortissement composé d'un pot à feu sur socle.

« Les statues représentent : celle de droite, par rapport au visiteur, la Justice, tenant de la main

____

1. Cité par Robert Guerlin, p. 3oo.

droite les balances, de la main gauche un sceptre ; celle de gauche, la Religion avec le bâton de chantre dans la main droite et un calice surmonté d'une hostie rayonnante dans la main gauche. »

« Le monument repose sur un cul-de-lampe orné d'une draperie fixée au milieu, derrière une tête de chérubin, et retenue à chaque bout par la volute qui forme l'extrémité du boudin mouluré. »

Entre la tête de chérubin et le fleuron ou culot qui termine l'ensemble on trouve l'inscription du chanoine Nicolas Houlon.

« Les deux inscriptions, du reste, existent encore à la cathédrale dans la chapelle de Notre-Dame-de-la-Paix. »

On peut voir par cette description, très détaillée, que, au point de vue de la composition, le monument des chanoines Houlon n'a pas grand intérêt pour la sculpture funéraire ; il n'est, en effet, qu'une inscription décorée de femmes allégoriques. La manière de placer une femme de chaque côté de l'épitaphe rappelle le monument du général Barberini à l'église de l'Ara Cœli à Rome, qui fut exécuté par Le Bernin en 1630. Cependant, ce rapprochement est probablement un effet du hasard, car Cressent ne fit jamais un voyage à Rome, et de plus comme l'ouvrage de Bernin ne fut pas bien important, il n'est pas probable que notre sculpteur en ait vu un dessin.

Entre 1705 et 1710, Cressent fit le tombeau de Marguerite Boistel et de Martin Galand qui se compose d'un fronton circulaire au-dessus de l'épitaphe,

et qui renferme la petite statue de pierre blanche con-
nue sous le nom de l'Enfant aux bulles de savon,
« figures des biens, des honneurs et des plaisirs de
cette vie, qui n'ont pas plus de solidité et de durée que
ces bulles remplies d'air qui se forment par le vent et se
dissipent en un moment»(1). D'après M. Guerlin, c'est
en 1835 qu'on a fait servir cet ouvrage à la décoration de l'épitaphe de Gabriel Briet, dans le bas-côté
gauche de l'église collégiale de Saint-Vulfran à Abbeville, où il se trouve aujourd'hui.

Vers la même année 1705, il exécuta le piédestal
décoré de deux exquises têtes d'anges pour le monument de François Vitry, par Blasset, dans la cathédrale d'Amiens.

Le monument de la famille Boistel, autrefois
dans l'église collégiale Saint-Firmin-le-Confesseur à
Amiens, date de 1711. Ce mausolée, dont nous n'avons
que la description de Pagès, est composé d'une épitaphe qui surmontait le médaillon en buste d'Antoine
Boistel accompagné de deux petits génies, « dont
l'un tient un flambeau éteint et renversé, symbole
véritable de la Mort, et l'autre tournant la tête au côté
opposé au médaillon dudit Boistel, témoigne par ses
pleurs la douleur qu'il ressent de la mort de ce
défunt. Sous cette épitaphe, est l'écu de ses armes en
bas-relief » (2).

Stanislas Lami (3) attribue à Cressent, je ne sais

---

1. Pagès, cité par M. Guerlin, p. 289-290.
2. Cité par M. Guerlin, p. 307-308.
3. *Dict. sculpt.*, t. II, p. 138.

d'après quelle autorité, le monument funéraire de Jean Palyart, autrefois au cimetière Saint-Denis, d'Amiens.

Pierre II Le Gros. — Pierre II Le Gros, qui, avec Monnot ,joua un rôle considérable dans la sculpture italienne vers le commencement du XVIIIe siècle, se rendit à Rome comme pensionnaire du roi en 1690 et ne retourna en France qu'en 1713, où il resta deux ans. Son œuvre funéraire comprend quatre tombeaux, dont trois furent exécutés pour des prélats italiens.

Mais l'ouvrage le plus important de Le Gros pour la sculpture funéraire en France, c'est le grand mausolée (1) de Frédéric-Maurice de Bouillon que son fils, le cardinal de Bouillon, fit exécuter à Rome d'après le dessin de Gilles-Marie Oppenord (2) (1672-1742),élève de l'Académie de France à Rome où il avait conquis l'amitié du cardinal. « Par un billet d'un autre architecte ,Denis Martin, en date de Cluny au 12 août 1698 on sait que le monument était à cette date une chose commandée et même entreprise (3). » Il fut

---

1. Voir: 1° le *Mausolée du duc de Bouillon à Cluny*,par MM. Lex et Martin. 1890. Réunion des Sociétés des Beaux-Arts des départements, p. 476 et suiv. ;

2° *Le Sculpteur Pierre Le Gros deuxième du nom, et le mausolée de la maison de Bouillon à Cluny*. Réunion des Sociétés,etc.,1891, p. 370-386.

2. Oppenord fut le dessinateur de : 1° le tombeau d'Anne des Essart exécuté par Van Clève, 1706; 2° le tombeau de Marguerite de Laigue, veuve du comte de Relingue, exécuté par Robert le Lorrain. Autrefois à l'église des Jacobins.

3. Voir la note de la page 147 du tome I *des Archives du musé des monuments français* (Inventaire des rich. d'Art, etc.) par J. Guiffrey.

considéré comme très magnifique d'après les témoignages des contemporains.

En effet, cette magnificence fut si grande que le Parlement de Paris rendit, le 2 janvier 1711, un arrêt interdisant l'érection des différentes parties, qui avaient été envoyées de Rome, sous le prétexte que le mausolée risquait de consacrer des prétentions généalogiques injustifiables. Les fragments restèrent cachés sous les scellés du Parlement jusqu'en 1776, date où ils furent si complètement oubliés qu'on ouvrit leur caisse pour voir si elle contenait des parties du tombeau de Turenne. Les bronzes dorés, qui auraient dû décorer la tour, furent détruits sous la Révolution mais les marbres furent répartis entre la chapelle de l'Hôpital et le musée lapidaire de Cluny (Saône-et-Loire), où ils se trouvent encore aujourd'hui (1). Maintenant, examinons ce que devait être le monument d'après le dessin d'Oppenord (2). D'abord, on est frappé par les dimensions énormes de l'ensemble. Le fond architectural consiste en un portique qui est composé de quatre colonnes et de deux pilastres composites qui supportent une architrave

---

1. La chapelle de l'Hôpital contient les statues du duc, de la duchesse, avec le petit génie, de l'ange qui devait porter le cœur du cardinal de Bouillon, le bas-relief du sarcophage, et le sarcophage lui-même.

Le musée lapidaire renferme : *a*) le sommet de la tour ; *b*) quatre chapitaux corinthiens provenant du couronnement des pilastres ; *c*) vingt et un fragments de moulures des entablements et des piédestaux.

2. Gravure par Benoît Audran, 1708, dans l'histoire généalogique de la maison d'Auvergne, de Baluze.

qui, à son tour, supporte une espèce de fronton dont
le centre est décoré des armoiries de Bouillon. Au
sommet se tient debout le Temps portant une couronne et une faux.

Sur les côtés du fronton, qui sont courbés pour les
mieux porter, sont assises Pallas et la Foi près de
deux vases fumants. De chaque côté, au premier
étage, pour ainsi dire, est debout un homme, peut-
être un apôtre. Au centre du portique, on voit naturellement le groupe central. Le sarcophage sur un soubassement qui est décoré d'un bas-relief représentant
un combat de cavalerie, porte les figures de Frédérick
de Bouillon et de sa femme. Le maréchal est demi-
couché en habit de guerre de costume romain. Il a
la tête découverte. Son bras droit est allongé sur
son casque qui est à son côté, et il tient dans la
main son bâton de commandement. Sa main gauche
est placée sur sa poitrine. De l'autre côté, Éléonore-
Catherine de Berghe, sa femme, qui est à genoux,
montre avec sa main droite le livre qu'un petit génie
supporte. Derrière eux, s'élève une tour crénelée, symbole de la Tour d'Auvergne, d'après Lenoir (1), qui
devait être décorée par les bronzes dorés détruits à
la Révolution. Au-dessus de la tour, un ange, qui est
enveloppé d'un nuage, vole au ciel portant dans la
main droite le cœur du duc de Bouillon. Aux coins
de la niche, deux petites renommées en bas-relief

---

1. *Le Musée des monuments français* (Invent. rich. Art. Fr.),
t. I, p. 146-149, le 13 septembre 1799.

sonnent de la trompette. En premier lieu, on est frappé par le fait que les deux statues de Frédéric de Bouillon et de sa femme sur le sarcophage sont unies l'une à l'autre par une idée centrale, et que tous les deux se rapprochent de l'ange qui porte le cœur. Maintenant, cette idée centrale, on la trouve dans la vie du duc. Né dans la religion protestante, il ne devient catholique que par les soins de sa femme. C'est cet épisode de son abjuration que le dessinateur a choisi. Le duc, la main gauche placée sur sa poitrine, marque sa foi pour la religion qu'il vient d'embrasser, et dont le livre des mystères soutenu par le petit génie, lui est présenté par son épouse. Pour la première fois, on voit sur un sarcophage deux statues funéraires qui forment un groupe unifié. Anguier, dans le mausolée de Moulins, Girardon, dans le tombeau du maréchal de Louvois, tous les deux ont représenté deux statues, la femme et le mari, vêtues à l'antique, l'une demi-couchée, l'autre à genoux. Mais chez eux, les deux statues restent toujours sans rapports, l'une avec l'autre. Monnot a tenté la même chose dans le mausolée du comte d'Exeter sans beaucoup de succès. Il est vrai que la comtesse, une plume dans la main droite, soutient un livre ouvert et semble s'apprêter à écrire ce que son mari va dicter. Mais le comte l'oublie, car il regarde le spectateur. Oppenord a résolu le problème en choisissant un sujet de la vie du défunt.

D'autre part, si le mausolée marque un progrès vers l'unité et la conception dramatique du tombeau,

et aussi vers le style beaucoup plus libre et personnel du xviii° siècle, il ressemble aux ouvrages précédents par son encadrement et par les éléments décoratifs. Le portique avec les figures aux niches, nous
les avons déjà vus chez Anguier à Moulins. Le bas-
relief représentant un combat, sur le soubassement
du sarcophage, se rapproche de la longue série des
bas-reliefs funéraires, qui furent souvent la gloire du
sculpteur, par exemple, ceux des tombeaux de Jean
Casimir et du marquis de Vaubrun. Les deux femmes
allégoriques et le Temps au fronton ne sont pas nou-
veaux. Il en est de même pour les petites renommées.
En un mot, le mausolée est l'exemple le plus éclatant de la période de transition, par son mélange des
caractéristiques, du xvii° siècle et de l'époque à
venir.

Le tombeau du cardinal Aldobrandini qui se
trouve à l'église San Pietro ad Vincula, (1) n'est pas
signé, mais d'après Lalande (éd. de 1786, t. IV, p. 256),
il est l'œuvre de Le Gros. Il se compose d'un squelette
debout, devant un sarcophage, qui se trouve dans la
niche plate formée par l'arcade également plate, et par
les pilastres qui servent d'encadrement. Le squelette
avec sa faux, et les deux petits anges aux coins de
l'arcade, sont de marbre blanc. Le sarcophage est en
marbre brun. L'inscription, qui est placée au-dessous
du sarcophage, est de marbre noir. L'encadrement
est de marbres de plusieurs couleurs. Il faut noter

---

1. Bas-côté à gauche.

que Le Gros comme Monnot, n'employait la polychromie que pour les patrons italiens. Le tombeau du duc de Bouillon était tout en marbre blanc.

Dans le tombeau du cardinal Jérôme Casanata (exécuté vers 1708), qui se trouve à l'église Saint-Jean-de-Latran (1), Le Gros a créé un chef-d'œuvre. Comme le Bernin devait placer adroitement le tombeau d'Alexandre VII au-dessus d'une porte, Le Gros devait mettre le mausolée du cardinal Casanata au-dessous d'une fenêtre ronde et il a résolu le problème à merveille. Le prélat est demi-couché sur le sarcophage de marbre vert, les mains jointes, le coude droit appuyé sur un coussin et un livre. Malheureusement, le sarcophage, qui porte l'inscription, est complètement caché par un confessionnal, qui se trouve aujourd'hui au-dessous du monument. Derrière la statue funéraire, trois anges lèvent un grand rideau de marbre rouge, qui suit la courbe de la fenêtre d'une manière tout à fait gracieuse. La statue du cardinal est, sans contredit, une œuvre de tout premier ordre, même dans l'histoire de la sculpture française. Les étoffes et les dentelles de ses vêtements ecclésiastiques sont exécutées avec une finesse exquise.

Le mausolée du pape Grégroire XV, qui occupe la chapelle du transept de l'ouest à l'église Saint-Ignace, mérite une étude particulière. Lalande dit (2) que

---

1. Bas-côté à gauche, voir Lalande (éd. de 1769), t. III, p. 383.
2. Ouvrage cité, Paris, 1769, t. IV, p. 208.

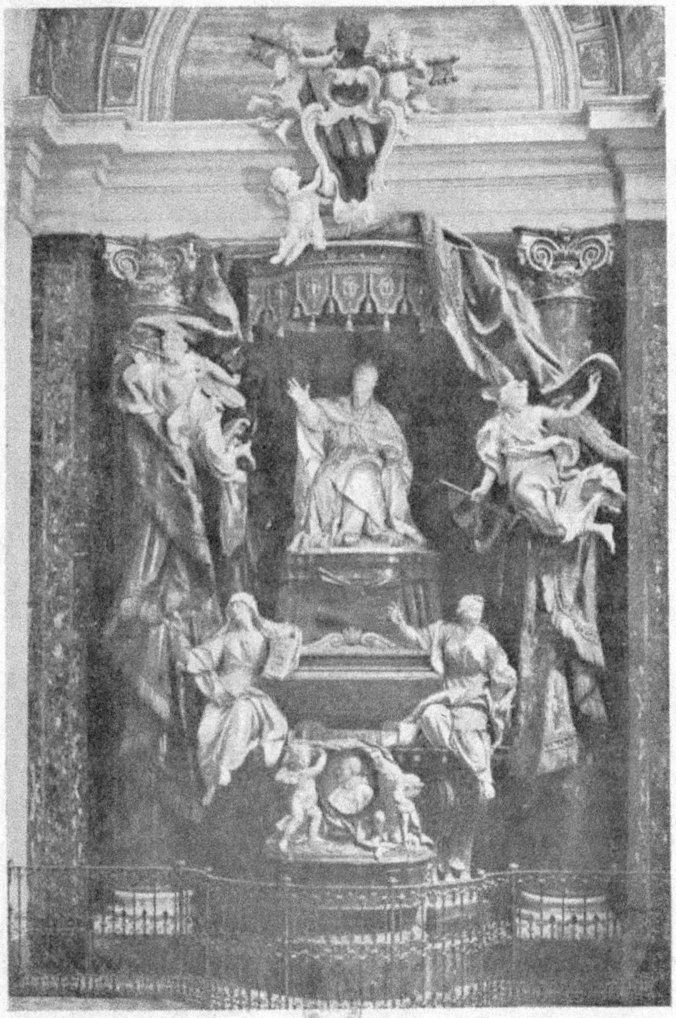

Mausolée de Grégoire XV

par Pierre LE GROS II

Église Saint-Ignace, Rome

PLANCHE V

« la figure du pape est entièrement de lui (Le Gros);
c'est ce qu'il y a de mieux dans cet ouvrage : on lui
attribue également les figures de l'Abondance et de
la Religion : le reste a été exécuté sur ses dessins.
Les deux Renommées, qui sont au-dessus, sont de
M. Monnot. » D'après la tradition italienne, le pape
est représenté assis. Sa main droite est élevée dans
l'attitude de la bénédiction. Le soubassement très
haut est divisé en deux parties dont la partie inférieure est décorée par le médaillon du cardinal
Ludovisi, qui est supporté par deux jolis génies.
Aux deux côtés du sarcophage en marbre vert, à
l'endroit, où les deux parties du soubassement se
rencontrent, sont assises la Foi et l'Abondance. Celle-ci
élève sa main vers la statue du pape pour montrer
au monde sa libéralité. Au-dessus, on voit un baldaquin et des rideaux de marbre rouge ornés de
franges de bronze doré, qui sont soutenus par les
deux Renommées, œuvre de Monnot (1). Enfin,
au-dessus du baldaquin sont les armoiries du prélat
et trois petits génies, tout à fait exquis. Les deux qui
jouent de la mitre et des clefs pontificales, ressemblent fort aux deux petits anges qui portent les
mêmes symboles dans la chaire de Saint-Pierre (1656-
1665) exécutés par le Bernin. Leurs attitudes et la
position des clefs mêmes sont identiques.

Aux quatre niches de la chapelle, se trouvent des
statues en plâtre des Vertus cardinales : la Valeur en

____

1. Probablement vers 1710, d'après M. Castan, article cité.

Minerve, la Prudence avec le miroir et le serpent, la Tempérance qui verse de l'eau dans le vin, et la Force, l'épée à la gauche accompagnée par un petit ange qui porte des faisceaux. C'est la seule fois, à mon avis, qu'un artiste a eu l'idée ingénieuse de placer ainsi, dans une chapelle funéraire, les Vertus. L'idée appartient à coup sûr à Le Gros, bien que les statues elles-mêmes fussent exécutées par Camille Rusconi (1). Pourquoi ne furent-elles par exécutées en marbre ? Personne ne peut répondre tant on a négligé les sculpteurs de cette époque !

Pierre Le Gros fut aussi célèbre comme dessinateur des cérémonies funèbres. C'est le vendredi le 17 septembre 1711 qu'eut lieu à l'église Saint-Louis-des-Français, la pompe funèbre de « Mgr. Louis, Dauphin de France ». L'ensemble était tout à fait éclatant. « Les professeurs (2) italiens avouent qu'il n'est pas possible de rien exécuter de plus magnifique, de mieux entendu et de meilleur goût. Sur chacun des piédestaux (du catafalque) s'élevait une Mort d'argent, drapée d'une étoffe violette semée de

---

1. Voir Pascoli, *Vite degli scultori*, Rome, 1730, p. 261 (Vite di Camillo Rusconi), « tufinalmente impieguto in diversi stucchi e fece le quattro virtù che si vedono nelle nicchie del sepolcro di Grégorio XV, a S. Ignazio. »

2. Voir *la Relation du service solennel fait dans l'église royale et nationale de Saint-Louis à Rome pour Mgr. Louis, Dauphin de France, le vendredi 17 septembre MDCCXI, par M. de La Chausse,* Rome, 1713. Petit in-fol. (avec 5 gravures par Frezza). Reproduite dans *la Correspondance des directeurs de l'Acad. fr. à Rome,* t. IV (1711-1716), p. 30 et suiv.

fleurs de lis d'or et des armes d'argent, avec une couronne d'or sur la tête, tenant un grand candélabre de mêmes métaux, chargé de dix-sept flambeaux. » Le Brun avait déjà placé des Morts assises aux coins du catafalque, dans la cérémonie funéraire du chancelier Séguier (1672). Mais Le Gros a introduit quelque chose de nouveau en augmentant le nombre des lumières qui décorent le mausolée. « Il était éclairé de cent deux gros flambeaux, posés en divers groupes, et placés dans des chandeliers argentés, faits en manière de cornes d'abondance, outre les soixante-huit qui étaient dans les grands candélabres que tenaient les quatre morts. »

La renommée de la cérémonie funéraire du Dauphin valut à Le Gros celle de Don Oratio Albani qui eut lieu, elle aussi, à l'église de Saint-Louis-des-Français, vers février 1712 (1). Malheureusement on n'en connaît rien.

Jean-Baptiste Bouchardon (1667-1742). — Jean-Baptiste Bouchardon, connu surtout comme père d'Edme, fut l'auteur de trois tombeaux qui furent probablement des exemples ordinaires de la sculpture funéraire en province.

En 1709, Henri Lenet, abbé de Notre-Dame à Chatillon-sur-Seine, fit élever dans la chapelle de Sainte-Anne, à droite du maître-autel, dans l'église abbatiale

---

1. Voir la lettre du 6 février 1712 reproduite dans *la Correspondance des directeurs de l'Académie française à Rome, avec les surintendants des bâtiments,* t. IV, p. 75.

« un monument assez simple mais bien exécuté, par J.-B. Bouchardon, sculpteur à Chaumont », dit l'abbé Bouceret, qui écrit entre 1809 et 1822, et il ajoute : « Ce monument, posé entre le mur à la hauteur de six pieds, a été enlevé et se trouve aujourd'hui chez un particulier auquel il a été vendu (1). »

Il semble bien que le mausolée du conseiller Jehannin, dont les deux projets dessinés (2) datent de 1719, fut exécuté vers 1720. M. Roserot (3) dit à son sujet : « Il y a dans l'église Saint-Michel de Dijon, à la chapelle qui se trouve à côté du sépulcre, les restes d'un mausolée qui est absolument conforme au dessin de Bouchardon. Le buste, qui est en marbre, se trouve à la bibliothèque de la ville et n'est représenté à l'église que par un débris de moulage. Il est vrai que l'inscription sur marbre se rapporte à François-Claude Jehannin, célèbre avocat, substitut du procureur général du Parlement de Bourgogne, mort en 1698, et il semble difficile d'admettre que ses descendants aient attendu vingt et un ans (jusqu'en 1719) pour rendre cet hommage à sa mémoire. Il serait bien plus vraisemblable de supposer qu'en 1719, il s'agissait pour Bouchardon de faire le mausolée de l'un ou de l'autre des deux fils, soit Philibert Jehannin, conseiller au Parlement, né en

---

1. Cité par M. A. Roserot, *Jean-Baptiste Bouchardon, sculpteur et architecte à Chaumont-en-Basigny, 1667-1742.* Paris, 1894, p. 25.

2. L'un chez M. Laillant de Wacquant, l'autre chez M. Pesme.

3. *Op. cit.*, p. 35.

1678, mort le 24 juin 1718, soit Jean Jehannin, seigneur de Chamblanc, conseiller du Parlement en 1689, mort à Dijon le 22 octobre 1719, inhumé à Saint-Michel. »

A propos d'un mausolée à la mémoire du marquis de Rennepoint pour l'église de Roche-sur-Rognon (Haute-Marne), on sait que le marquis devait être représenté à genoux (1).

Jean-Ange Maucord (1673-1761). — Un autre sculpteur de province, Jean-Ange Maucord, exécuta, en 1709, le monument de Jean-Baptiste de Sade de Mazan, évêque de Cavaillon (2), où la statue du défunt est remplacée par une allégorie dramatique. La cuve est supportée par une base, qui a été fortement retouchée en 1861. Aux angles, deux femmes assises personnifient l'Espérance et la Charité. Au milieu, se trouve une plaque sur laquelle est gravée l'épitaphe. Au-dessus, la Mort, abritée sous une sorte de baldaquin, tient une faux d'une main, et de l'autre, un livre. Plus haut, soutenu par deux anges, est l'écusson de l'évêque. De chaque côté, légèrement au-dessus de l'écusson, deux aigles semblent prendre l'essor. Au sommet, debout sur des nuages, la Renommée sonne de la trompette.

---

1. D'après l'esquisse au crayon au verso du contrat de marché du monument, qui fut passé avec la marquise de Rennepoint, le 15 novembre 1721. Chez M. Laillant de Wacquant.

2. A la cathédrale de Cavaillon, entre la chapelle de la Nativité et celle de Saint-Éloi. Le tombeau fut restauré, en 1861, par M. Cournaud. Reproduit dans *la réunion des sociétés des Beaux-Arts des départements,* 1894. p. 112.

L'allégorie dans la cérémonie funèbre. — Ce développement de l'allégorie dont la Mort n'était qu'un élément, devint de plus en plus important entre 1690 et 1720. Jetons un coup d'œil sur la cérémonie funèbre de cette période (1). La disposition en restait

---

1. Les exemples sont très rares jusqu'au deuxième quart du siècle, par exemple :

En France :

1° De Camille de Neufville, archevêque de Lyon, dans l'église du collège des Jésuites à Lyon, 1693, gravure (Voir Bibl. nat. Cab. d'Est. Pe. 14);

2° De Mlle d'Orléans, à Saint-Denis, 1693, dessiné par M. Berain;

3° Du Prince de Bourbon, à la cathédrale de Notre-Dame-de-Paris, avril 1709, dessiné par Ertinger et Berain (Voir *Mercure de France*, p. 337-344, avril 1709);

4° Du dauphin et de la dauphine, à l'église de Notre-Dame-de-Paris, avril 1712 (Voir *le Mercure de France*, avril 1712);

5° Du dauphin et de la dauphine, à l'église de Saint-Denis, dessiné par Berain (Voir *le Mercure de France*, avril 1712, p. 219-249);

6° De Louis de Bourbon, 1712, gravure (Bibl. nat. Cab. d'Est. Pe. 14);

7° De Marie-Louise, reine d'Espagne, à l'église de Notre-Dame-de-Paris, 1714, J. Berain, *invenit*, gravure par Scotin;

8° De Louis XIV, à l'église Saint-Denis, gravure (Bibl. nat. Cab. d'Est. Pe. 14).

A l'Étranger :

1° D'Éléonore, reine de Suède, 1693. M. Tessin, *invenit*. Lepautre, *sculpsit*;

2° De Charles XI, 1697. M. Tessin, *invenit*. Sébastien le Clerc, *sculpsit*;

3° D'Alexandre VIII, du Vatican, 1691, dessiné par Rossi;

4° De Léon de Tresme, duc de Geseve, par Berain, 1704. Ici, l'Immortalité vainquit la Mort sous ses pieds, au-dessus de la tour qui servit de temple pour le sarcophage;

5° Du roi Pierre II, de Portugal, 1707, par Fontana;

6° De Clément II, au Vatican, 1711, par Filippo Barigioni. Voir l'un d'Innocent XIII, 1724, par le même artiste. On y voit une pyramide décorée d'un médaillon du défunt, supporté par deux Renommées volantes.

à peu près la même. Mais il faut noter surtout cet amour pour les personnifications de la Mort, du Temps et de la Renommée, non pas, il faut bien le remarquer, en motifs simplement décoratifs, mais comme acteurs en lutte. Voici quelques lignes de la description très intéressante de la pompe funèbre du prince de Bourbon qui eut lieu à l'église de Notre-Dame en avril 1709 : « Au-dessus de ces palmiers (du grand portail), on voyait la Mort victorieuse du Temps à qui elle arrachait les armoiries de M. le Prince. Mais la Renommée, prenant soin de sa gloire, les enlevait à la Mort et invitait, par ce qui suit, à rendre les derniers devoirs à ce grand prince (1). » Ou encore, pour ce qui est des squelettes, on les voit en cariatides dans la cérémonie funèbre de Louis XIV à Saint-Denis, où ils supportent la couronne au-dessus du sarcophage.

René Charpentier (*1680-1723*). — Un autre monument sans aucune représentation du défunt, c'est le tombeau (2) du comte Fortunat Rangoni, qui se trouvait autrefois à l'église Saint-Roch ; il était dû à René Charpentier. Nous savons qu'il se composait d'une figure de femme pleurant, appuyée sur la base d'une colonne funéraire. Cette introduction d'une femme pleurant comme motif central et unique, semble annoncer le thème favori de la fin du siècle.

---

1. *Mercure de France*, avril 1709, p. 337-344.
2. *Arch. mus. mon. fr.* (Invent. rich. Art. fr. etc.), t. III, p. 263.

François-Antoine Vassé, 1681-1736. — Le monument de Louis de Marillac (1), qui se trouvait autrefois aux Feuillants, se composait d'une pyramide de marbre blanc devant laquelle était une Minerve casquée, qui tenait le médaillon de Louis.

François Dumont, 1688-1726. — Une œuvre dont la perte est très regrettable, c'est le mausolée de Mlles Bonnier (2), par François Dumont, qui fut destiné à une chapelle de l'église des Récollets à Montpellier. Il fut commandé en décembre 1719 (3) par M. Bonnier, baron de la Mosson, trésorier général des États de Languedoc, pour perpétuer la mémoire de deux filles qu'il venait de perdre en bas-âge et en un court intervalle de temps. D'après M. Vattier (4), le sarcophage devait être supporté par deux lions de plomb doré. Mais l'élément le plus important, c'étaient les figures des deux sœurs sur le sarcophage, au sujet desquelles Dargenville donne une indication précieuse. Il dit (5) que « le sculpteur a ingénieusement représenté l'une d'elles sortant du

---

1. Gravure dans Millin, *Ant. nat.*, t. I, n° 5, pl. 4, p. 29. Voir aussi *Arch. mus. mon. fr.* (Inventaire rich. Art., fr. etc.), t. II, p. 29.

2. Chose curieuse, Stanislas Lami, dans son *Dictionnaire des sculpteurs de l'École fr.*, t. II, p. 174, dit que c'était le mausolée de leur père Joseph Bonnier.

3. Marché passé. *Nouvelles archives de l'art français*, t. V, p. 239.

4. Voir, *Une famille d'artistes, les Dumont, 1660-1884,* par G. Vattier. Paris 1890, p. 14.

5. *Vie des fameux sculpteurs*, par Dezallier Dargenville. Paris, 1787, t. II, p. 315.

tombeau qui semble inviter sa sœur à la suivre ». Nous avons ici, à coup sûr, un exemple assez original du thème de la mort, ou plus exactement une conception du type de résurrection, qui diffère de celle de Le Brun.

Au contraire, le tombeau de Louis, duc de Melun, mort en 1721, aussi par Dumont, était un ensemble banal. Quoiqu'il ait été exécuté entre 1724 et 1726 (1), date de la mort de l'artiste, et que, par conséquent, il doive, au point de vue chronologique, être étudié dans le chapitre suivant, il ne faut pas oublier qu'il fut la dernière œuvre d'un sculpteur de la génération de transition et que, pour cette raison, il est ici à sa place. Si Dumont avait montré de l'originalité dans un tombeau d'enfants, genre où il n'y avait, pour ainsi dire, pas de tradition académique, il a voulu naturellement ériger un mausolée grave et grandiose pour un personnage aussi haut que le duc de Melun. Le tombeau, comme on peut en juger d'après la gravure (2), était une conception tout à fait de l'époque et même de la période précédente. Il se composait d'une pyramide couronnée d'une urne. Le soubassement était décoré de deux femmes allégoriques assises. Au-dessus de l'inscription triangulaire, on voyait une tête de mort avec des ailes de chauve-souris. L'ensemble était encadré par des

____

1. Exécuté sur l'ordre d'Élisabeth de Lorraine, mère du duc.
2. Reproduit en Millin, *Ant. nat.*, t. V, n° 56, pl. 1, p. 3. Le tombeau, maintenant disparu, se trouvait aux Dominicains de Lille (Nord).

rideaux de plomb, qui étaient supportés par des squelettes, motif que nous avons déjà vu dans le tombeau des Castellan par Girardon. On peut noter que la femme, qui est au côté droit, étend ses bras vers le squelette qui porte le rideau, seul lien entre le monument lui-même et le fond. Le seul point extraordinaire dans ce mausolée, c'est l'absence de toute représentation du défunt et, ce qui est plus curieux, c'est qu'elle n'est pas encore remplacée par une allégorie dramatique.

Il faut ajouter aux tombeaux que nous avons étudiés, un monument extraordinaire dont on ne sait ni la date ni l'auteur. C'est le tombeau du marquis de la Vrillière, secrétaire d'État sous Louis XIV, mort en 1681, qui se trouve actuellement à l'église de Châteauneuf-sur-Loire (Loiret) (1). Comme l'inscription du sarcophage nous dit qu'il fut élevé par le fils du marquis, il semble probable qu'il fut exécuté pendant la période que nous étudions, c'est-à-dire de 1690 à 1720. Le maire de Châteauneuf m'écrit que le tombeau est considéré comme l'œuvre du Bernin, attribution curieuse, mais qui contient en même temps une part de vérité puisqu'elle souligne le style mouvementé et le sujet dramatique du mausolée. Le marquis, vêtu à la contemporaine, est représenté assis sur le sarcophage, les yeux tournés vers l'ange qui lui montre l'immortalité qui l'attend au ciel, idée qui est apparue déjà depuis

1. Voir le projet d'enlèvement du monument, *Arch. mus. mon. fr.* t. II, p. 422.

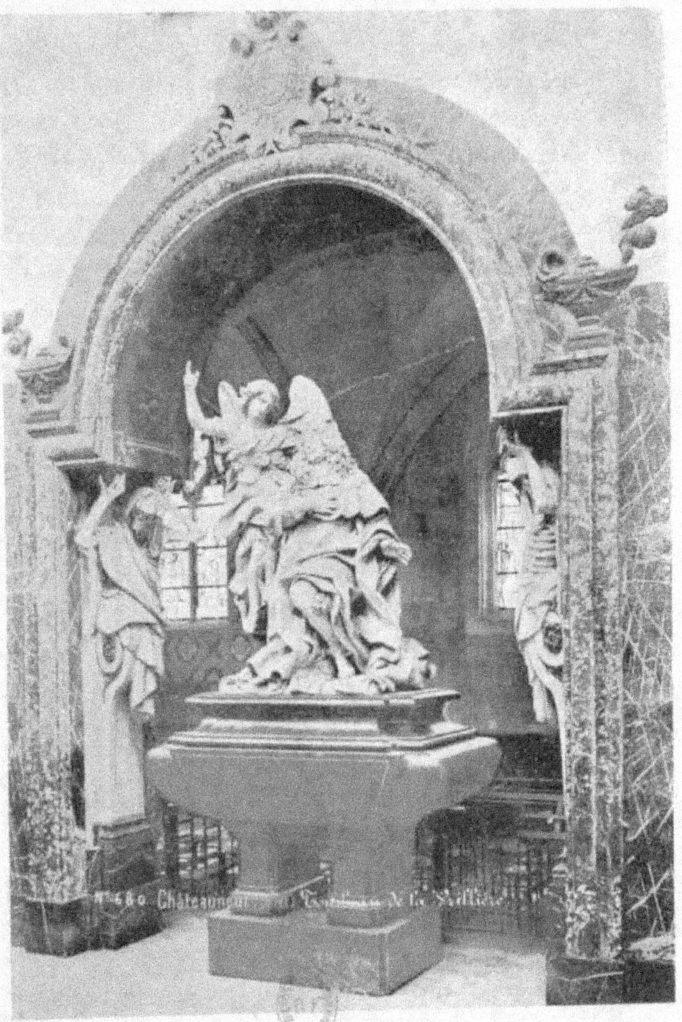

Phot. ROBERT.

Tombeau du Marquis de la Vrillière

Église de Chateauneuf-sur-Loire

PLANCHE VI

longtemps dans les cérémonies funèbres (1), et qui a
reçu ici dans l'art sculptural son expression complète.
En effet, même pendant cette période de 1690 à 1720,
on ne trouve pas beaucoup d'exemples aussi logiques
et aussi parfaits de l'idée dramatique du tombeau,
idée dont les années de 1730 à 1760, à peu près, ver-
ront la réalisation. Pour ce motif, on est presque tenté
de placer le monument du marquis de la Vrillière
à une date ultérieure, autour de 1740, par exemple,
et de l'attribuer peut-être à Lemoyne qui travailla
pour le marquis, ou à Nicolas-Sébastien Adam qui a
employé le même thème dans le tombeau de Catherine d'Opalinska (1747-1749) (2) ou encore à Michel-
Ange Slodtz.

L'arcade ouverte entre deux chapelles, (disposition
populaire pendant la première moitié du xviie siècle),
qui encadre le groupe du Marquis et du joli ange
presque mièvre, avec sa draperie flottante, est supportée par deux squelettes. Au-dessus des supports

---

1. Par exemple : *a*) la cérémonie funèbre d'Anne d'Autriche
(1666), où la reine en prière reçoit la couronne de l'Immortalité des
mains de la Religion, (gravure. Bibl. nat. cab des Estampes,
Pe, 14) ; *b*) la cérémonie funèbre de Mlle d'Orléans à Saint-Denis
(1693), d'après les dessins de Berain : « On y voyait au-dessus
de la porte du chœur, dans la nef, trois grands tableaux peints
en bronze doré. Celui du milieu était de 15 pieds de haut sur
10 pieds de large, et représentait l'ange tutélaire de la princesse
qui lui tendait la main pour l'aider à sortir du tombeau et de l'autre
il lui montrait l'immortalité dans une gloire, une morte paraissait
au-dessus de cette princesse et lui arrachait sa couronne et son
suaire et ce qui lui restait du monde » (*Mercure de France*, 1693,
mai, p. 214-236).
2. A l'église de Bonsecours, Nancy.

de l'arcade, on voit les cassolettes fumantes. La voussure est décorée de grandes rosaces.

En résumé, quelles sont les caractéristiques de la sculpture funéraire à cette époque ?

D'abord, comme nous l'avons dit plusieurs fois et comme il faut le répéter encore, on y voit le mélange de deux conceptions : l'une essentiellement calme, sans aucun souci de l'action et du drame, dans laquelle les femmes allégoriques qui sont introduites sur le soubassement, restent encore sans rapport, sauf au point de vue décoratif ou symbolique, avec la statue du défunt sur le sarcophage ; et l'autre avant tout mouvementée, où le sculpteur choisit, pour unifier ses figures, une scène allégorique et dramatique dont le thème est assez éloigné de la vie actuelle pour se prêter à une interprétation grandiose. La première de ces conceptions, qui fut l'une des plus populaires de 1660 à 1690 à peu près, n'est pas exactement contraire à la seconde, car elle-même n'est que la combinaison de la conception funéraire plus simple et plus sincère de la première moitié du xvii° siècle, avec les allégories qui deviennent très puissantes sous le règne personnel de Louis XIV. Par conséquent, elle est plutôt l'anneau de transition entre deux idéals contradictoires.

La seconde conception n'est que l'application ou mieux le développement logique des principes funéraires du Bernin. Ce développement, dans lequel, comme nous l'avons vu, Le Brun a joué un rôle capital, a commencé vers 1660. Mais avant 1690, cette conception ne fut pas employée par les sculpteurs en général et, même à cette dernière date, le nombre des tombeaux de ce genre est encore restreint. C'est seulement dans la période de Louis XV proprement dite que cette conception sera tout à fait comprise et appliquée.

Les rôles des sculpteurs. — Quant aux rôles des sculpteurs eux-mêmes dans cette lutte ou plutôt dans ce mélange des idéals funèbres entre 1690 et 1720, nous avons d'abord Girardon qui resta attaché au passé, car le tombeau du marquis de Louvois fut une conception tout à fait à la manière de François Anguier. Il est presque certain qu'il ne fut pas le dessinateur du tombeau de Richelieu. Le style extraordinaire du monument de Catherine Duchemin semble dû à ses élèves, surtout à Robert le Lorrain. Coysevox se montre épris des idées nouvelles dans les mausolées très significatifs du comte d'Harcourt et du marquis de Vaubrun. Mais il ne faut pas oublier que l'un fut dessiné par de Cotte et l'autre par Le Brun. D'autre part, le grand ensemble du tombeau de Mazarin est une continuation de la série essentiellement immobile, pour ainsi dire, de la première moitié du XVIIe siècle. Puis, d'autres œuvres de Coysevox comme, par exemple, le tombeau de Le Nôtre, ne se rattachent ni à l'une ni à l'autre des deux conceptions capitales de la sculpture funéraire de cette époque, conceptions dans lesquelles, presque sans exception, la figure entière du défunt est représentée, mais elles s'apparentent aux genres, beaucoup plus modestes, plus simples, dans lesquels on rencontre un buste ou un médaillon, soit seul, soit en rapport avec des figures allégoriques. En effet, c'est pendant cette période que s'est accrue la popularité de ces deux types, grâce à l'amour toujours croissant pour l'allégorie qui détourne l'attention et le talent du sculpteur de l'effigie simple du défunt. Cette manie de l'abstraction produit quelquefois tels tombeaux, comme le tombeau de l'évêque de Cavaillon par Maucord, où toute représentation du mort a disparu. Tandis que les tombeaux exécutés à Rome par Monnot et Le Gros pour des prélats et des seigneurs étrangers n'avaient pas une très grande influence sur la France, le grand mausolée du duc de Bouillon marque une époque dans la sculpture funéraire. Il est l'expression parfaite de la conception dramatique et, ce qui est surtout important, le thème en est emprunté à la vie des défunts. Il y a une différence entre l'œuvre de Le Gros et les grands ensembles du plein xviiie siècle : c'est l'absence dans le premier de l'allégorie de la Mort qui sert de motif principal dans presque tous les tombeaux importants de l'époque de Louis XV.

CHAPITRE II

LA SCULPTURE FUNÉRAIRE EN FRANCE
DE 1720 à 1760

La période de 1720 à 1760. — Généralités. —
C'est pendant les années de 1720 à 1760 qu'éclôt
l'art mondain, gracieux et charmant de Louis XV,
proprement dit. Pour la peinture, inutile d'insister :
c'est l'époque de Lemoyne, Natoire, Boucher, Char-
din et tant d'autres.

Dans l'architecture civile, c'est d'un côté, l'évolution de la disposition de la maison, et de l'autre,
l'embellissement des villes : à Paris par exemple, la
place Louis XV et la Fontaine de Grenelle, et en
province les constructions religieuses et civiles du
roi Stanislas à Nancy. Quand à l'architecture religieuse à Paris, excepté l'église Saint-Louis du Louvre
qui fut bâtie à partir de 1740 et la chapelle des
Enfants trouvés, on ne fait autre chose qu'achever
des édifices déjà commencés : les églises des Théatins,
de Saint-Roch, de Saint-Thomas-d'Aquin et le portail
de Saint-Sulpice.

Dans la sculpture monumentale, qui nous intéresse
davantage, on est frappé surtout par la longue série

des statues équestres, (la plupart à la gloire du roi), exécutées ou projetées qui servent à orner les nouvelles places : en province, celles de Lemoyne à Bordeaux (1731-1743), à Rennes (1749-1754), et à Rouen (1757), de Pigalle à Reims (1758-1765) et le projet en l'honneur d'Henri IV par Pajou, non pas pour une place mais pour le vestibule de la cathédrale d'Orléans : à Paris, la célèbre statue commandée à Bouchardon en 1753 pour la place Louis XV, le projet fait par les Slodtz pour le quai des Théatins, et tant d'autres.

Quant à la sculpture funéraire, la période comprise entre 1720 et 1760 fut celle de l'apogée de la conception dramatique. A la mort de Coysevox, l'art funéraire de Louis XV était déjà formé ; tous les grands sculpteurs de l'époque, sauf Pigalle, étaient nés dans la décade de 1695 à 1705. Avec l'année 1760, même quelques années auparavant, apparut la réaction vers l'antiquité. L'effet de cette réaction fut d'abord de refroidir, pour ainsi dire, les allégories exubérantes et mouvementées, effet semblable à celui qu'on voit dans l'architecture de l'époque. En second lieu, elle introduisit des formes funéraires de l'antiquité. D'autre part, dans la période de 1760 à 1780 environ, à côté de l'influence classique, on voit toujours la vraie tradition du xviiie siècle qui se continue avec Pigalle, Clodion et même Houdon dans les tombeaux du prince Michel Gallitzin (1773) et de la duchesse de Saxe-Gotha (1775).

Le sujet. — Pendant la période comprise entre

1720 et 1760 que nous avons à étudier, par quels moyens les sculpteurs ont-ils traduit dans les tombeaux cette conception dramatique ? C'est d'abord par le sujet lui-même qui fut ou un épisode tiré de la vie du défunt exprimé par l'introduction des personnages allégoriques, l'Immortalité, la Mort, le Temps etc., ou une allégorie plus ou moins vague en l'honneur des vertus du défunt. Dans ces deux genres de sujets, les personnages comprennent d'abord des statues allégoriques traitées d'une manière mouvementée et en second lieu, la statue du défunt qui introduit dans l'ensemble l'élément réaliste.

Le livret du Salon de 1743, à propos du fameux concours de projets pour le tombeau du cardinal de Fleury, contient un passage qui exprime parfaitement la théorie de ce premier genre : « Comme les tombeaux sont des monuments qui ne sont érigés que pour faire connaître à la postérité les bonnes qualités de ceux pour lesquels ils sont élevés, on doit prendre les moments les plus intéressants de la vie de l'homme, et par lesquels il s'est le mieux fait connaître (1). » Mais, en réalité, quand le sculpteur a choisi un événement tiré de la vie du défunt, il ne l'exprime pas entouré des circonstances extérieures qui l'ont accompagné. Prenez par exemple le projet pour le tombeau du cardinal, par Vinache, à propos duquel le livret contient les mots cités ci-dessus. L'artiste a choisi le moment où le cardinal reçoit le

---

1. P. 25. du livret.

gouvernement de la monarchie française. Mais il ne nous montre pas la scène telle qu'elle s'est réellement passée : le roi qui lui donne le pouvoir, etc. C'est « la vertu qui lui présente une couronne de rayons et de fleurs de lys, et deux clefs : il paraît en action de demander à Dieu la grâce de s'acquitter dignement de ce grand emploi ».

Voilà l'esprit des sculpteurs de cette époque. Un épisode pris en lui-même était trop simple. Pour eux, il faut l'idéaliser. En conséquence de ce procédé, le fait devient une espèce d'allégorie quelquefois très difficile à distinguer de l'allégorie pure. Par exemple, quand Roubillac choisit pour sujet du tombeau de Lady Nightingale la mort de cette femme et la douleur de son époux, il ne nous montre pas une simple scène de mort, mais il introduit la mort en squelette, qui lance son dard à la femme défaillante pendant que son mari tente en vain de la protéger. En conséquence de ce que nous venons de dire, il vaut mieux regarder tous les sujets comme des allégories générales en l'honneur des vertus du défunt et ne pas chercher à les classer plus méthodiquement.

Avant d'analyser les œuvres elles-mêmes, il faut considérer la cérémonie funèbre qui eut, à cette époque surtout, des rapports très intimes avec la sculpture funéraire.

Ces rapports sont d'autant plus étroits que les sculpteurs de tombeaux étaient en même temps les dessinateurs des pompes funèbres : on peut en donner pour exemple la grande série exécutée par

Michel-Ange Slodtz et les sculpteurs de sa famille.

La recherche de splendeur se manifeste dans les matériaux employés, dans la multiplication des lumières et le développement des allégories.

Le chœur était vraiment magnifique. Les chapiteaux étaient quelquefois ornés de têtes de mort qui supportaient des draperies d'argent. De distance en distance, il y avait de grandes pyramides de lumières.

Le catafalque, centre de toute cette brillante ordonnance, restait, en sa disposition générale, semblable à ceux que nous avons déjà vus. Il ne différait que par un plus grand nombre de lumières et par l'introduction d'une foule de figures allégoriques. Sur ce premier point, prenez par exemple la pompe funèbre pour le repos de l'âme du roi de Sardaigne, 1733 (1). « Les quatre faces des six degrés (du soubassement du catafalque) étaient garnies de quatre-vingt-dix-huit chandeliers d'argent avec des cierges de deux livres chacun. » Dans la cérémonie pour la reine de Sardaigne (2) (1741) on lit que :

« Sur les quatre parties avancées ou piédestaux de l'estrade, s'élevaient quatre torchères formées par trois branches de cyprès de dix-huit pieds de haut chacune, nouées dans leurs passages l'une sur l'autre et divisées en cinq parties, arrondies par chaque

---

1. Dans l'église métropolitaine de Paris, par M. Perrault, peintre des menus plaisirs du roi. Voir. *Mercure de France* du 29 janvier 1733, p. 850-862.

2. Dans l'église métropolitaine, septembre 1741. Voir *Mercure de France*, octobre 1741, p. 2326.

qranche diminuant par le haut en forme de pyramide... »

Mais le développement des allégories nous intéresse davantage. En premier lieu, il y a les figures allégoriques qui restent décoratives, les anges qui sonnent de la trompette, le Temps, l'Immortalité et la Mort. Par exemple, dans la pompe funèbre d'Élisabeth-Thérèse de Lorraine (1) (1741), au pourtour du chœur. « Sur le milieu des cintres, à commencer par la première arcade du jubé, sortait du milieu un ange, tenant d'une main sa trompette et retroussant de l'autre un rideau, qui se partageait de deux côtés. »

Dans la cérémonie pour la même reine à Notre-Dame (2), au-dessus du catafalque, on voyait une morte volant au milieu des nuages, et encore « au-dessous du pavillon sortait une morte, sa faux sur l'épaule, qui semblait s'envoler, contemplant dans son vol, sa dernière conquête : elle était enveloppée de draperie et dans un groupe de nuées ».

Un exemple des plus remarquables se trouve dans la cérémonie funéraire de la reine de Sardaigne (3) (1735), où « à la face du catafalque de l'entrée du chœur on voyait en relief sur les six degrés d'hon-

1. A l'église métropolitaine de Paris, octobre 1741, dessinée par Perrault et les sieurs Slodtz. Voir *Mercure de France*, oct. 1741, p. 2326.

2. Exécutée par les sieurs Perot et Slodtz, inventée par Bonneval et gravée par C.-N. Cochin. Voir *le Mercure de France* du 22 septembre 1741, p. 1179.

3. Voir *le Mercure de France* du 24 avril 1735, p. 830-862.

neur, la figure du Temps en ronde bosse, de six pieds
de hauteur, une faux à la main et debout sur un
globe terrestre et autour étaient répandus des trophées et attributs renversés sans arrangement comme
sceptres, couronnes, thiares, mitres, casques, livres,
trompettes, houlettes, débris d'architecture, etc.
Entre autres attributs, une couronne de la reine de
Sardaigne séparée en deux : le Temps, par l'attitude
de sa faux, désignait ce moment funèbre ».

Après les figures allégoriques, il y a les groupes
comme ceux dont la même cérémonie de la reine de
Sardaigne (1) nous offre des exemples saisissants :
« Sur les degrés devant l'autel, paraissait la Mort de
six pieds de proportion, représentée allégoriquement
sous les traits d'une belle femme, portant sur sa tête
une couronne royale. Son col, son estomac et les
extrémités de ses mains étaient desséchées et ses
pieds étaient entièrement de squelette. Elle était
vêtue richement, tenant d'une main une torche funéraire à demi-éteinte et foulant d'un pied une figure
en pleurs représentant la douleur qui l'accompagne
toujours. Deux enfants s'unissaient à ce groupe, faisant allusion par leurs attitudes à l'amour tendre des
peuples pour leur maître, l'un voulant arracher la
torche fatale et l'autre s'efforçant de la rallumer. »
— « Sur les degrés faisant face à la porte d'entrée du
chœur, était un grand groupe. On y voyait le Vieil
Océan représentant allégoriquement l'abîme, où les

---

1. Voir *Le Mercure de France*, 24 avril 1735, p. 850-862.

fleuves ainsi que les ruisseaux vont se perdre à la
fin de leur course. Il paraissait couché sur un rocher
entr'ouvert et appuyé sur son aviron dans l'attitude
impérieuse d'un Dieu souverain des mers. La Dore,
rivière du Piémont, qui coule auprès de la ville de
Turin, y paraissait sous la figure d'une nymphe couronnée et entraînée par la violence de ses eaux,
jusque dans les gouffres de l'océan dans lesquels on
la voyait se perdre. Deux ruisseaux, sous la figure de
jeunes enfants, l'un effrayé, l'autre gémissant et une
naïade, représentant l'Amour et la Fidélité des
peuples de Sardaigne, s'efforçaient de l'arrêter par
sa robe qui se déchirait dans leurs mains. La nymphe,
en se précipitant, paraissait laisser sa couronne sur
le rivage. Des génies désolés se baignaient de leurs
larmes et embrassaient les marques précieuses qui
couronnaient les vertus de leur nymphe. » Il est bien
entendu que des groupes de ce genre ne pouvaient
avoir beaucoup d'influence sur la sculpture funéraire,
mais leur étude nous aide à mieux comprendre cette
recherche de l'allégorie qui caractérise l'esprit du
temps.

Puis, on peut signaler des groupes tout à fait semblables au sujet des tombeaux. Par exemple, dans la
cérémonie funèbre (1) de Catherine Opalinska, reine
de Pologne (1747), on voit un groupe qui se compose
de la reine et d'un ange qui lui montre l'immortalité

---

1. Conduite par M. de Bonneval, surintendant et contrôleur
général de l'Argenterie, menus plaisirs du roi, exécutée par Slodtz,
gravure par Cochin. Elle eut lieu à l'église Notre-Dame, mai 1747.

qui l'attend au ciel. Chose curieuse, on trouve ce même motif dans le tombeau de la reine exécuté par Nicolas-Sébastien Adam. Dans la pompe, elle donne sa couronne à une femme allégorique, tandis que dans le mausolée elle reçoit une couronne divine de l'ange et de la reine. Puis, dans le tombeau, il n'y a que les deux figures de l'ange et de la reine. Mais le sujet reste le même dans tous les deux.

Après ces quelques indications sur la cérémonie funèbre (1), nous pourrons mieux comprendre les

_____

1. Voici une liste des cérémonies les plus importantes de l'époque :

1° Du roi d'Espagne, par M. Berain, décembre 1724, à l'église métropolitaine de Paris. Voir *Mercure de France*, décembre 1724 ;

2° Du Marquis de Villeroy, à Lyon, 1730. Inventé par de lérando, gravure par Daudet ;

3° Du roi de Sardaigne, par M. Perrault (1733). Voir *Mercure de France*, janvier 1733 ;

4° De la reine de Sardaigne, avril 1736, à l'église métropolitaine de Paris. Inventée par Bonneval, exécutée par MM. Perrault et Slodtz, gravure par Cochin. Voir *Mercure de France*, 24 avril 1735 ;

5° De la reine de Sardaigne à l'église de Notre-Dame, mars 1735. Inventée par M. de Bonneval, exécutée par MM. Perrault et Slodtz, gravure par C.-M. Cochin. Voir ses dessins au Musée du Louvre. Cat., t. III, n° 2278, p. 71 ;

6° D'Élisabeth Thérèse de Lorraine, reine de Sardaigne, à l'église de Notre-Dame. Paris, septembre 1741. Inventée par M. de Bonneval, exécutée par Perrault et Slodtz, gravure par Cochin ;

7° D'Élisabeth-Thérèse de Lorraine, reine de Sardaigne, à l'église métropolitaine de Paris, octobre 1741. Exécutée par Perrault et Slodtz. Voir *Mercure de France*, octobre 1741, p. 2326 ;

8° Du Cardinal de Fleury, à l'église Notre-Dame de Paris, inventée par Bonneval. Voir *Mercure de France*, juin, 2° volume, 1743, p. 1450 ;

9° De Louise-Adelaïde d'Orléans, à l'église de l'abbaye royale de Chelles, 1743. Supervisée par M. Adam, prédicateur ordinaire du roi, etc. Voir *Mercure de France*, août 1743, p. 1869 ;

10° De Philippe de France, roi d'Espagne et des Indes, à l'église de Notre-Dame de Paris, décembre 1746, conduite par

allégories, qui se trouvent dans la sculpture funéraire. On trouve dans tous les deux le même esprit.
Seulement dans le tombeau, l'imagination de l'artiste
fut naturellement très modérée, par la difficulté de
travailler les matériaux durs : la pierre et le marbre.

La série des tombeaux, dans lesquels la Mort en
squelette joue un rôle capital, n'est pas nombreuse.
Mais elle comprend des œuvres des sculpteurs les
plus représentatifs de leur temps. Dans cette série,
on peut distinguer trois idées plus ou moins dis-
tinctes : en premier lieu, la lutte entre la mort et
l'époux ou l'épouse qui essaie de protéger la victime.
Dans le tombeau de Lady Nightingale, la mort lance
son dard contre la femme pendant que Lord Nightingale essaie de protéger la mourante. Clodion
emploie la même idée dans le monument de la comtesse d'Orsay, exécuté plus tard (1772), où la com-

---

M. le Noir de Cindie, intendant, etc., inventée et exécutée par
les sieurs Slodtz, gravure par Cochin ;

11° De Marie-Thérèse d'Espagne, Dauphine de France, à
l'église de Notre-Dame de Paris, novembre 1746, inventée et exécutée par M. Slodtz, gravure par Cochin ;

12° De Marie-Thérèse d'Espagne, Dauphine de France, à l'église
de l'abbaye royale de Saint-Denis, septembre 1746. Inventée et
exécutée par les frères Slodtz, gravure par Cochin ;

13° De Catherine Opalinska, reine de Pologne, à l'église de
Notre-Dame de Paris, mai 1747. Inventée par de Bonneval. Exécutée par Slodtz, gravure par Cochin ;

14° De Marie-Françoise, princesse de Bourbon, à l'église des
pères Barnabites du collège de Montargis, le 30 mars 1749. Voir
le *Mercure de France*, septembre 1749, p. 117 ;

15° Du roi et de la reine d'Espagne, à l'église de Notre-Dame de
Paris, le 15 janvier 1760. Inventée par Michel-Ange Slodtz, gravure
par F.-N. Martinet. On y voit le commencement de la réaction
vers l'antiquité.

tesse sur le point d'expirer, montrait à son mari, qui tâchait de repousser la Mort, le fils qu'elle lui laissait. Ce même thème d'époux luttant contre la Mort se trouvait dans le dessin de Berruer (1771) pour le tombeau du comte d'Harcourt, et, ce qui est plus important, dans le tombeau lui-même, tel qu'il fut exécuté par Pigalle.

Dans le second genre d'allégorie, la Mort lutte contre l'Immortalité et est vaincue par elle, résultat tout à fait contraire à celui du thème de l'époux. Il se trouve dans le célèbre tombeau de l'abbé Languet de Gergy (mort en 1750) et dans le mausolée de William Hargrave par Roubillac.

En troisième lieu, une idée, où l'élément de lutte n'apparaît pas, se trouve dans deux tombeaux de Pigalle, où la Mort appelle le guerrier dont l'heure a sonné.

Le modèle pour le tombeau de la duchesse de Saxe-Gotha, qui fut exécuté en 1775 par Houdon, n'est qu'une interprétation violente de cette dernière conception. Car ici, la Mort se saisit avec précipitation de la duchesse.

Puis, il y a une foule d'allégories auxquelles manquent l'étrangeté et aussi la puissance qu'on trouve dans la série des monuments, où la Mort joue un rôle capital. Le but de toutes, presque sans exception, c'est la louange des vertus du défunt. On y voit le Temps ou la Renommée soulever un voile qui découvre le médaillon ou le buste, idée employée déjà depuis longtemps par Cotton dans le monument de Lully.

Ou encore, c'est le Temps qui lutte contre l'Immortalité et qui est vaincu par elle, comme on le voit dans le tombeau de Wade par Roubillac. Souvent une figure allégorique place le buste sur le piédestal, pendant qu'une autre attend tout près pour le couronner ; idée banale, qui fut l'origine de beaucoup de monuments funèbres d'aujourd'hui. Quelquefois encore, un ange montre au défunt l'Immortalité qui l'attend au ciel, par exemple, dans les tombeaux de Catherine Opalinska et de Languet de Gergy.

La statue du défunt. — Au milieu de toutes les figures allégoriques, la statue du défunt joue encore le rôle capital. Les tombeaux des types de buste et de médaillon sont nombreux ; mais dans tous les grands ensembles, on voit toujours la statue entière du mort qui, naturellement, ne reste pas une simple figure agenouillée ou demi-couchée, mais prend les attitudes nouvelles que les allégories dramatiques demandent. D'autre part, les deux types continuent pendant les années de 1720 à 1760 : surtout celui agenouillé, dont la présence dans le tombeau du cardinal de Fleury offre l'exemple le plus éclatant.

A côté de la série de tombeaux monumentaux conçus d'après la manière allégorique et exécutés dans un style dramatique et mouvementé, il y avait un tout petit nombre de tombeaux purement décoratifs, dans le style rococo. Heureusement, pour la plupart, les efforts en ce genre ne consistaient qu'en dessins de tombeaux qui ne furent pas exécutés et qui, en effet, furent presque toujours impossibles à exécuter.

Les sculpteurs. — Maintenant nous arrivons aux tombeaux eux-mêmes. La liste des sculpteurs qui les ont exécutés entre 1720 et 1760, se compose de deux artistes de la génération de transition :

Jean-Louis Lemoyne............ 1665-1755
Guillaume Coustou Ier 1677-1746

et elle comprend en second lieu les sculpteurs du règne de Louis XV, proprement dit :

Juste-Aurèle Meissonnier..... 1693-1750
Louis-François Roubillac...... 1695-1762
J.-B. Vinache................. 1696-1754
Edme Bouchardon.............. 1698-1762
J.-B-M. Dupuis............... 1698-1780
Hubert Dumandé.............. (?) 1781
Jean-Baptiste II Lemoyne..... 1704-1778
Michel-Ange Slodtz........... 1705-1764
Nicolas-Sébastien Adam....... 1705-1778
François Ladatte 1706-1787
J.-B. Pigalle................. 1714-1785

Jean-Louis Lemoyne, 1665-1755. — En 1724, Jean Louis Lemoyne exécuta le buste en marbre de Fénélon (1), qui se trouve au musée de la ville de Cam-

---

1. Voir : 1° *Arch. mus. mon. fr. (Invent. Rich. Art. Fr.)* t. I, p. 336 ;

2° *Recherches sur l'église métropolitaine de Cambrai,* par M. A. Leglay, 1825.

brai. Il faisait partie du monument élevé au prélat dans l'église métropolitaine de Cambrai.

Guillaume Coustou Ier, 1677-1746. — Guillaume Coustou Ier (1) exécuta entre 1720 et sa mort, survenue en 1746, deux tombeaux qui ne se composaient que des statues des défunts agenouillés (2). Celui du cardinal Dubois (mort en 1723), qui se trouvait autrefois à l'église Saint-Honoré, date d'environ 1725. Le prélat s'agenouillait devant un prie-dieu supportant un livre de messe ouvert. Le fond se composait d'une pyramide. Sa statue seule se trouve aujourd'hui à l'église de Saint-Roch.

A propos du tombeau du cardinal Forbin-Janson, qui existe (3) encore à la cathédrale de Beauvais, *Le Mercure de France* du 24 novembre 1738 (page 2449) contient les passages suivants : « Nous croirions manquer à ce que nous devons aux Beaux-Arts et au public si nous négligions de célébrer un grand ouvrage de sculpture de marbre blanc destiné à la cathédrale de Beauvais.

» C'est le mausolée du cardinal de Janson, commencé par feu M. Coustou l'aîné, chancelier et rec-

---

1. Sur le monument du cœur de Louis XIV, voir l'introduction.

2. Voir d'autres exemples du même type :

a) Tombeau du cardinal Louis-Antoine de Noailles, 1729, à la cathédrale de Notre-Dame de Paris, par Geoffroy Dechaume;

b) Mausolée de l'évêque de Camus, par Gaspard Reynier (1665-1737) à la cathédrale de Grenoble. Voir *Dict. sculp. fr.*, t. II, p. 438.

3. Il fut restauré en 1804.

teur de l'Académie, et achevé etposé par les soins de son illustre frère, ancien directeur et recteur de la même Académie aussi recommandable par ses mœurs que par la supériorité de ses talents.

» La figure de ce cardinal est à genoux, de grandeur naturelle posée sur un piédestal qui se termine en console et dans le milieu duquel il y a une inscription latine. Le tout a dix pieds et demi de hauteur sur sept pieds de largeur. »

Après Lemoyne et Coustou dont les ouvrages funéraires n'ont pas grand intérêt, si ce n'est qu'ils continuent en plein XVIIIe siècle la vieille tradition des priants, avec quelques nuances de changement dans les gestes, étudions les sculpteurs du XVIIIe siècle.

Juste-Aurèle Meissonnier, 1698-1755. — Juste-Aurèle Meissonnier n'exécuta qu'un tombeau. Mais comme l'un des innovateurs du style Rococo et aussi comme dessinateur du cabinet du roi, il représente toute une catégorie de dessinateurs de tombeaux de ce genre, et c'est par rapport à lui qu'il faut les étudier.

Le tombeau du baron de Bezenval (1) mort en 1736, qui se trouvait autrefois à l'église Saint-Sulpice, n'existe plus. D'après un dessin, il se composait d'un médaillon du défunt dans un cadre rococo, surmonté d'une urne.

---

1. Voir le livre des dessins de Meissonnier à la Bibliothèque nationale. Cab. des Est.

Un projet de tombeau fait par Meissonnier pour M. le Près de Dyon, quelques années auparavant, en 1733, se compose d'un bas-relief qui représente le défunt et un ange qui lui montre un livre dans lequel son nom est inscrit. Au-dessus, on voit une urne et deux petits génies.

Ces deux exemples montrent parfaitement que Meissonnier, quoique habile décorateur, ne fut pas un maître dans la sculpture funéraire. Il a oublié tout à fait le but du tombeau et l'a transformé en une espèce de joli décor.

A côté de lui, nous avons quelques dessinateurs et peintres comme Boucher, Van Loo, La Joue, Eisen, etc. qui ont exécuté des dessins de tombeaux qu'il fut impossible d'exécuter et qui ne furent pas probablement dessinés pour être exécutés, tant ils ressemblent à des tableaux.

Les exemples les plus extravagants se trouvent dans un ouvrage ou plutôt une collection de gravures intitulé : « Les tombeaux des princes, des grands capitaines et d'autres hommes illustres qui ont fleuri dans la Grande-Bretagne vers la fin du XVIIe et le commencement du XVIIIe siècle gravés par les plus habiles maîtres de Paris et d'après les tableaux et dessins originaux des plus célèbres peintres d'Italie, tirés du cabinet de Mgr le duc de Richemond et Lennox et d'Aubigny : chevalier de l'Ordre de la Jarretière et grand écuyer de sa Majesté le roi de la Grande-Bretagne, le tout dirigé et mis au jour par les

soins d'Eugène Mac Swiny (1). » Le titre ne donne
pas la date de cette publication, mais comme
quelques gravures portent 1736 et 1737, il est probable que le livre fut publié entre 1740 et 1750.
Seule une série de huit gravures fut dessinée par des
Italiens. Les autres sont les ouvrages de Boucher,
Van Loo et Perrot. En général, à propos de ces derniers, à côté des éléments tout à fait étrangers à la
sculpture, on peut noter l'absence, sans exception, de
l'effigie du défunt, et un mélange étonnant d'allégories chrétiennes et païennes.

Boucher. — Chose curieuse, d'autres dessins de
Boucher semblent annoncer la froideur de la seconde
moitié du siècle.

Par exemple, un projet au musée du Louvre (2)
est conçu dans une manière calme et modérée. Au-
dessus d'un piédestal carré, s'élève une colonne can-
nelée supportant une urne entourée de fleurs et de
palmes ; des anges, près de la colonne, portent un
médaillon : à terre, une balance, un miroir, une coupe.
La même chose pour deux autres projets (3) qui se
composent de colonnes décorées de vases fumants et
de médaillons, etc. : en un mot, des ensembles tout à
fait décoratifs. D'autre part, le frontispice de l'œuvre

---

1. Une copie se trouve à la Bibliothèque nationale, Cab. des
Est. Pe 23.

2. Voir *Catalogue des Dessins des musées du Louvre et de Versailles*, par Guiffrey et Marcel, t. II, n° 1405, p. 60.

3. A la bibliothèque des Arts décor., n° 99, t. 18 *bis*.

de Watteau (1) est un vrai projet de tombeau. Contre une pyramide, un ange sonne de la trompette et la Peinture porte le médaillon de l'artiste. Au soubassement un génie trace l'inscription.

Louis de Roubillac, 1655-1762. — Il n'est que juste de donner à Roubillac (2), sculpteur qui est presque inconnu dans son pays, une très grande place dans une étude de la sculpture funéraire de 1720 à 1760. D'abord, son œuvre funéraire qui existe aujourd'hui en entier, est tout à fait remarquable en elle-même. Puis, quoiqu'il n'ait travaillé qu'en Angleterre pour les seigneurs anglais, il restait bien français par son style et par son esprit. Comme il introduisait la sculpture monumentale dans un pays où les traditions funéraires n'existaient plus, il était assez indépendant et son influence y était énorme. Il est vrai que la sculpture du XVIIIe et du XIXe siècle en Angleterre ne

----

1. Reproduit dans l'*Art pratique*, année 1889, n° 143.

2. Comme bibliographie voyez :

1° *Anecdotes of Painting in England*, par Horace Walpole, trois volumes, in-8°. Londres, 1849, t. III, p. 759 ;

2° *The Lives of the most eminent British Painters Sculptors and Architects*, par Allen Cunningham. Londres, 1830, in-8°, t. III, p. 31-67 ;

3° *Vie et ouvrages de L.-F. Roubillac, sculpteur Lyonnais*, par Le Roy de Sainte-Croix. Paris, Ollendorff, 1882. Malheureusement ce livre, qui semble être la seule étude sur cet artiste, fut imprimé en Angleterre, et la bibliothèque du musée de South Kensington possède le seul exemplaire que j'aie trouvé ;

4° Un article très superficiel par Austin-Dobson, *Eighteenth Century Vignettes*, la seconde série. Londres, 1907, in-12°, p. 176-199;

5° *Un sculpteur français en Angleterre au XVIIIe siècle. Roubillac*, par L. Rosenthal (*Revue d'Histoire moderne et contemporaine*, année 1899-1900, p. 592-605).

vaut pas grand chose, mais cela n'est pas la faute de Roubillac.

Né à Lyon en 1695, il fut d'abord élève de Nicolas Coustou et plus tard de Balthazar de Dresde, sculpteur de l'électeur de Saxe. En 1730, il remporta le second grand prix de l'Académie avec un groupe de *Daniel* et de *Suzanne*. Il alla probablement vers 1732 en Angleterre, où il resta jusqu'à sa mort en 1762. Un autre évènement de sa vie qui nous intéresse c'est son voyage en Italie en 1752... D'après Flaxman (1), la sculpture antique à Rome le fit sourire, mais il adora l'œuvre du Bernin, qui inspira, à coup sûr, le célèbre tombeau de Lady Nightingale.

L'œuvre funéraire qu'il exécuta, pendant les vingt dernières années de sa vie, se compose de onze ou douze (2) tombeaux dont trois sont tout à fait remarquables.

En 1743, peu après la mort de John, duc d'Argyll et de Greenwich, le tombeau de ce dernier fut commandé à Roubillac, grâce probablement à l'influence d'Édouard Walpole, patron de l'artiste. Cet ouvrage qui se trouve au transept du sud de Westminster Abbey, se compose d'un sarcophage de marbre noir sur lequel est étendue la statue demi-couchée du duc. Il est soutenu par l'Histoire assise qui grave l'inscrip-

---

1. Cité par Allen Cunningham, *op. cit.*, p. 56.
2. M. de Sainte-Croix ne fait pas mention du tombeau de Lord (mort en 1740) et de Lady Shannon qui se trouve au-bas côté du Nord de l'église de Walton-on-Thames, quoiqu'on l'attribue en général à Roubillac.

tion sur une pyramide blanche qui sert aussi de fond. Au soubassement, sont assises deux femmes allégoriques, à droite (pour le spectateur), la Valeur qui regarde le Duc, et à gauche l'Éloquence.

Le premier essai de Roubiliac dans le genre tombeau montre un mélange curieux. Les figures de l'Histoire et du Duc forment un groupe admirable. D'autre part, les deux femmes du soubassement rappellent celles des tombeaux de la seconde moitié du xviie siècle ou de la période de transition. C'est probablement à cause d'elles que Flaxman dit que (1) Roubiliac ne pouvait pas arranger les figures pour qu'elles donnassent au spectateur une idée assez nette de l'action du sujet dramatique du tombeau.

L'ensemble est d'un style mouvementé. La statue du Duc est traitée d'une manière réaliste et libre, très loin des figures demi-couchées traditionnelles. On a souvent critiqué la statue de l'Éloquence en disant qu'elle est trop violente et trop théatrale. Mais, comme Allen Cunningham (2) l'a répondu très ingénieusement, si on ne peut pas représenter l'Éloquence ainsi, par quels moyens représenterait-on le silence, pour les distinguer l'un de l'autre ?

C'est vers la même année 1743 que Roubiliac exécuta le tombeau de l'évêque Hough qui se trouve

---

1. Cité par Allen Cunningham, *op. cit.*, p. 45.
2. *Op. cit.*, p. 46.

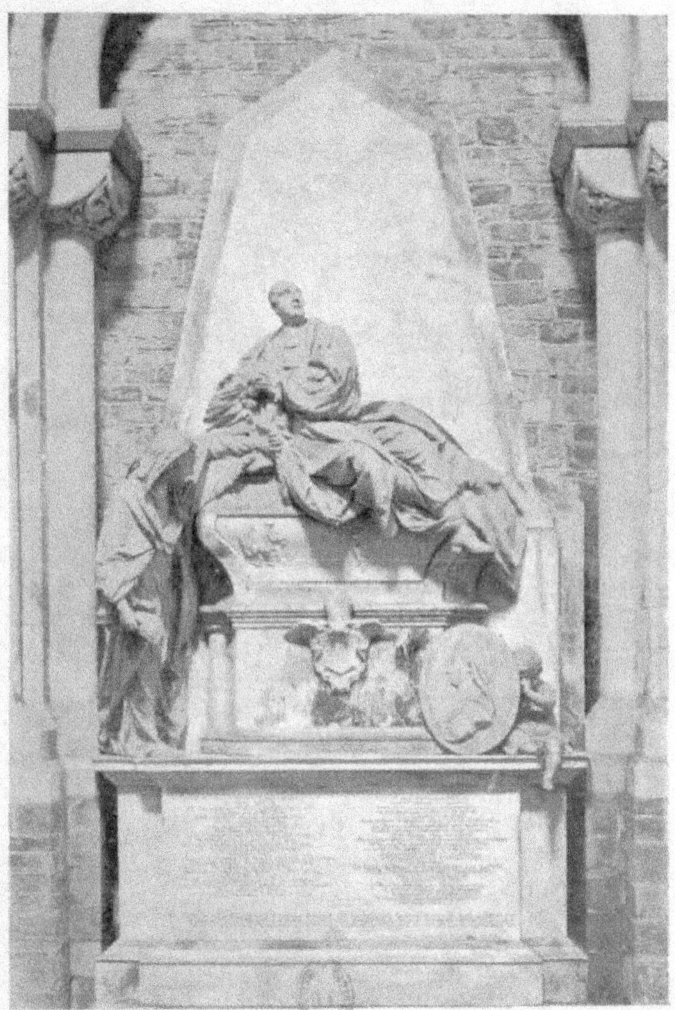

Tombeau de l'Évêque Hough

par ROUBILLAC

Cathédrale de Worchester.

PLANCHE VII

à la cathédrale de Worcester (1). On n'y trouve,
dans la conception générale aucune trace des éléments mélangés qui caractérisent le mausolée du
duc d'Argyll. Le sculpteur a fait un progrès sen-
sible.

Devant une pyramide, l'évêque est assis sur un
sarcophage, les mains jointes en prière. Son coude
droit est appuyé sur une pile de livres. Du même
côté que lui et debout, une femme allégorique représentant l'Histoire, soulève de sa main gauche une
partie de la draperie pour découvrir un bas-relief qui
décore le sarcophage et qui représente une scène de
la vie ecclésiastique du prélat. Le sarcophage est
supporté par un soubassement qui se divise en
deux, la partie inférieure beaucoup plus grande, qui
porte l'inscription très longue en l'honneur des
vertus du défunt et la partie supérieure qui porte à
droite un petit génie qui pleure et un médaillon
de profil de la femme de l'évêque.

La pose de l'évêque montre une véritable originalité de la part de l'artiste. Le pied droit replié sous
la jambe gauche, il est assis sur le sarcophage dans
une attitude naturelle mais un peu compliquée, très
éloignée du simple priant à genoux. Les mains jointes
et l'expression de la figure traduisent une extase

_____

1. Chose curieuse, Dobson (*op. cit.* p. 92) attribue ainsi à Roubillac le tombeau de l'évêque Hurd qui, d'après lui, se trouve à
la même église. Mais comme l'évêque Hurd mourut en 1808 et
ne fut né que dix-neuf années après la mort du sculpteur, il n'est
pas probable que ce dernier était l'auteur du mausolée.

semblable à celle de l'abbé Languet de Gerzy, par Slodtz. Les vêtements ecclésiastiques, dont les courbes forment un heureux contraste avec les lignes droites de l'architecture de l'ensemble, sont traités avec une souplesse et en même temps avec un réalisme minutieux.

Après le mausolée de l'évêque Hough, Roubillac exécuta en l'honneur de quatre officiers anglais des monuments qui se trouvent à Westminster Abbey.

Dans les trois premiers, il a employé des allégories banales, qui sont en accord parfait avec les hommes médiocres en l'honneur desquels elles étaient conçues. Mais dans le quatrième, il a représenté une conception digne de Pigalle.

Le premier de la série fut celui du maréchal Wade qui mourut en 1748. Il se compose d'une colonne ornée de trophées militaires, qui se dresse au milieu sur un soubassement. D'un côté, le Temps, s'avance pour les détruire pendant que, de l'autre, la Renommée, en le repoussant, protège l'emblème de la grandeur du maréchal.

Le second fut élevé en l'honneur du major-général James Fleming, mort en 1750. A la base, dans le centre, s'élèvent les figures de Minerve et d'Hercule qui sont occupées à attacher à la massue de ce dernier un serpent et un miroir, de manière à former du tout un trophée composé des emblèmes de la Valeur, de la Sagesse, et de la Prudence. Des étendards militaires et des instruments de guerre sont groupés sur les côtés : de grandes branches de lau-

rier et de cyprès sont jetées le long de la pyramide
qui forme l'arrière-plan, près du sommet de laquelle
est sculpté un médaillon du défunt (1).

Le tombeau (transept du nord) de Sir Peter Warren
qui mourut en 1752, date de l'année suivante. D'un
côté, Hercule place sur un piédestal le buste de
l'Amiral pendant que de l'autre côté, une femme
qui représente la Navigation, porte dans ses mains
une couronne de lauriers. Le drapeau de l'Angleterre, une corne d'abondance et des trophées militaires servent de fond à l'ensemble.

Les trois tombeaux se rapprochent, non pas seulement au point de vue chronologique, mais aussi
au point de vue de la conception générale qui est
à peu près la même. Ils se composent chacun de
deux figures allégoriques qui s'intéressent à une
action commune. De plus, l'élément iconographique
en est très insignifiant. Dans celui du maréchal Wade,
il est tout à fait disparu, pendant que dans les deux
autres il joue un rôle subordonné.

Pour le quatrième de la série, celui du lieutenant
général Hargrave, mort en 1750, qui fut érigé en 1757,
Roubillac choisit un sujet curieusement compliqué ou
plutôt double : « La défaite de la Mort par le Temps
et la Résurection du juste au jour « du Jugement »
Un groupe de trois figures de marbre blanc rangées
pyramidalement, un sarcophage, un étendard et un
ange sonnant de la trompette du Jugement dernier,

---

1. Gravé par A. Walker.

tandis que des nuages semblent passer lentement sur les ruines énormes d'une pyramide brisée, forment l'ensemble.

A gauche, la Mort vaincue, sa couronne tombant à ses pieds, est représentée par un squelette armé de griffes crochues, tenant son dard meurtrier que le Temps brise en deux sur ses genoux. Le crâne et les os de la Mort sont voilés par une légère draperie.

Au centre, est la statue du défunt enveloppée dans ses vêtements sépulcraux, qui se lève de sa tombe au moment du Jugement dernier. Sa position est inclinée et sa main droite s'étend au-dessus de son corps dont il rejette la couverture inutile supportée par le bras gauche qui s'appuie sur le bord du cercueil.

A gauche, la ligne du sarcophage est brisée par un étendard militaire qui est en partie déployé et sert à attirer le regard vers les nues.

On ne peut pas nier que la composition soit divisée en deux groupes dont chacun se compose de deux figures, l'un, de la Mort et du Temps, l'autre, du défunt et de l'ange qui sonne de la trompette. C'est le résultat fâcheux de la complexité du sujet. Mais laissant de côté ce point, l'ensemble est assurément frappant de mouvement et intéressant par la recherche de l'expression. La figure d'Hargrave exprime une joie qui déborde jusqu'à l'extase, élément dû probablement à l'influence des ouvrages du Bernin comme, par exemple, la statue de la Bienheureuse Louise Albertoni, car le monument de Hargrave fut érigé après le voyage de Roubillac en Italie.

Cet élément d'extase se trouve assez rarement dans les tombeaux français où le mort est représenté dans son cercueil. Le Brun a tenté de rendre cette expression dans le mausolée de sa mère, mais la figure du maréchal d'Harcourt, par Pigalle, n'est que celle d'un triste vieillard mourant.

Le petit monument de Händel, qui se trouve au transept sud de Westminster, date d'environ 1759, année de la mort du musicien. Encadré d'une niche, il se compose de la statue debout du défunt, vêtu du costume de son temps. La plume à la main, il écrit le Messie. A droite, on voit des instruments musicaux. Un bas-relief, qui représente des orgues et un ange jouant de la harpe, sert de fond.

En 1761 fut érigé le dernier tombeau et en même temps le chef-d'œuvre de notre sculpteur. C'est le fameux mausolée de Lord et Lady Nightingale qui se trouve, lui aussi, à Westminster Abbey. Voici en quelques mots comment est conçu cet ouvrage étrange : l'ensemble est encadré d'une arcade en plein cintre en pierre à grand appareil, qui renferme dans la partie supérieure l'inscription. Le premier étage ou la partie inférieure du monument lui-même se compose d'un petit édifice de pierre rustique et de marbre, aux deux coins duquel sont des consoles d'une forme baroque. Le centre de cet édifice est coupé par une porte de bronze à deux battants d'où sort la Mort en squelette de marbre blanc, enveloppée d'une draperie. De la main droite elle lance son dard à Lady Nightingale mourante, assise sur l'espèce de banc qui couronne la partie supérieure. A sa droite, se dresse son mari qui essaie de la protéger contre la mort.

Nous avons ici affaire à un ouvrage qui tient certainement une place très importante dans la série des tombeaux les plus remarquables que le xviiiᵉ siècle ait produits. Le mélange des personnages allégoriques et des personnages humains, traités avec un réalisme assez saisissant, tend à donner une action dramatique même théâtrale. Le tombeau de Lady Nightingale est un effort extraordinaire dans la tradition éclatante de l'art des Jésuites.

Le sujet, il est vrai, n'a pas la grandeur de celui du mausolée des cardinaux d'Auvergne par Slodtz qui l'a obtenue par des moyens beaucoup plus simples, grandeur peut-on dire unique dans l'histoire entière de la sculpture funéraire. Cependant les moyens employés par Roubillac ne sont pas méprisables. Il a choisi un épisode mélangé d'allégorie et de réalisme, mais qui a, en même temps, sa source dans la vie de la défunte. Ce n'est pas une allégorie banale en l'honneur des vertus plus ou moins douteuses des morts : c'est une lutte théâtrale, il est vrai, mais humaine. Chose bien curieuse à noter en passant, c'est que Roubillac, pour accentuer le mouvement des vêtements de Lord Nightingale, l'a vêtu de draperies flottantes.

L'étonnement qui frappe le spectateur en regardant le monument, est dû en grande partie à l'édi-

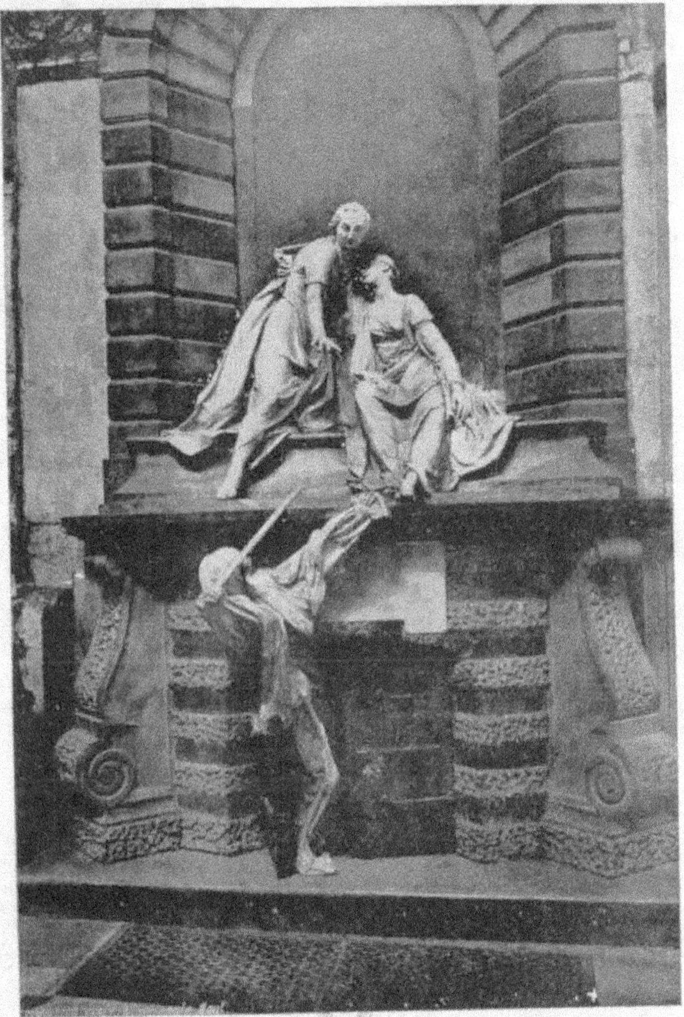

Tombeau de Lord et de Lady Nightingale

par ROUBILLAC

Westminister Abbey, Londres.

fice bizarre qui sert de porte d'entrée pour la Mort.
Cette idée de l'entrée de la Mort par une porte fut
probablement empruntée par Roubillac au tombeau
de Urbain VII, par le Bernin à Saint-Pierre de Rome.
Mais, chez le Bernin la porte existe, parce qu'elle fut
pratiquée déjà longtemps avant que le tombeau
d'Urbain fût érigé, et en conséquence le Bernin fut
forcé de la faire entrer dans la composition générale.
D'autre part, Roubillac, en ignorant ce fait, ne voyait
que l'aspect pittoresque de la porte comme l'entrée
de la Mort. Voilà la différence entre le Bernin et son
imitateur !

En plus de ces huit tombeaux que nous venons
d'étudier, Roubillac en exécuta trois autres dont on
ne sait pas les dates.

Celui de Lord Bolingbroke et de sa seconde femme
marquise de Villette, nièce de Mme de Maintenon,
se trouve dans le caveau de la famille à l'église
Sainte-Marie de Battersea. La partie supérieure
montre une urne recouverte en partie d'une draperie que surmontent les armes du vicomte, tandis que
la partie inférieure porte l'inscription et les médaillons des défunts. Les matériaux sont de marbre gris
et blanc.

Les deux tombeaux du duc et de la duchesse de
Montagu, qui se trouvent à l'église de Warkton
(Boughton, dans le Northamptonshire), sont placés

---

1. Voir *Sepulchral Memorials*, par M. W.-H. Hyett. Londres,
1817, in-f°.

dans deux enfoncements du sanctuaire érigé pour
la réception des monuments funéraires de la famille.
Tous les deux de la même composition, ils comprennent une urne funéraire que deux enfants décorent
d'une guirlande de roses et de marguerites. L'un des
enfants est penché sur l'urne, s'appuyant de la main
gauche sur le bouton du couvercle, tandis qu'il étend
le bras droit pour élever une des extrémités de la
guirlande fleurie au-dessus de l'urne. Le second est
debout, posant le pied droit sur le piédestal de l'urne,
et de ses deux mains, il élève la guirlande pour aider
à son compagnon à la placer sur le couvercle.

Ces trois tombeaux forment une classe à part dans
l'œuvre funéraire de Roubillac. Au lieu de groupes
dramatiques, il y emploie des motifs purement décoratifs.

J.-B. Vinache, 1696-1754. — L'œuvre funéraire de
Vinache se compose d'abord d'un projet pour le tombeau du cardinal de Fleury, exposé au Salon de 1743
(concours célèbre que nous discuterons plus tard
quand nous étudierons les projets de Bouchardon),
et en second lieu du tombeau de François de la Pey-
ronie érigé en 1749.

Le livret du Salon de 1743 contient une description
très minutieuse du projet de Vinache, dont nous
avons déjà cité quelques passages à propos de la
conception générale du tombeau à cette époque. Mais
comme la description est très significative, nous la
donnerons en entier : « Comme les tombeaux sont

des monuments qui ne sont érigés que pour faire connaître à la postérité les bonnes qualités de ceux pour lesquels ils sont élevés, on doit prendre les moments les plus intéressants de la vie de l'homme et par lesquels il s'est le mieux fait connaître : ces moments sont ceux de son élévation et de sa fin que l'auteur a pris dans la vie de M. le cardinal de Fleury pour le sujet de son tombeau. Le ministre est représenté en marbre blanc, assis sur un tombeau de marbre noir vu par un bout : il paraît dans le moment qu'il a reçu le gouvernement de la monarchie française qui lui est donné par la Vertu qui lui présente une couronne de rayons et de fleurs de lys et deux clefs : il paraît en action de demander à Dieu la grâce de s'acquitter dignement de ce grand emploi.

» Le tombeau est élevé sur un socle de marbre de petite brèche porté par un triple piédestal de marbre vert campan sur un plan varié. Sur le socle du bas du tombeau, est un sable ailé et une guirlande de cyprès de bronze doré. Dans le panneau du milieu du piédestal, est un bas-relief de bronze doré représentant le dernier moment de son Éminence. Il est accompagné de la Foi, de la Piété et de quelques ecclésiastiques en prières, dont l'un lui administre l'extrême-onction. Le fond est enrichi d'architecture.

» Sur deux piédestaux de forme ronde, aussi de vert campan, sont deux Vertus, la Paix et la Religion, qui semblent avoir le plus occupé ce ministre pendant son gouvernement. Les Vertus, la Paix et la Religion sont de marbre blanc.

» Cet ouvrage est dans une niche cintrée de trente et un pieds de haut sur quatorze et demi de large et sur environ neuf pieds de profondeur : le fond de la niche et celui au-dessus de l'archivolte est de grosse brèche : les montants et l'archivolte de brèche violette.

» Sur l'archivolte est un grand cartouche pour recevoir les armes de Son Éminence. A côté, sont deux Vertus, la Piété qui tient une crosse d'évêque, et la Doctrine tenant une mitre pour désigner que son Éminence était évêque : le tout de bronze doré, la voûte de l'archivolte est de panneaux et roses de bronze. A côté de la niche, règnent deux grands pilastres à chacun desquels est adossé un piédestal à pans coupés pour appui d'une balustrade en forme d'entrelacs de bronze doré, à hauteur d'appui pour enfermer cet édifice. Ces piédestaux de même genre que le socle et la tablette, sont de marbre blanc veiné posés sur deux marches de marbre noir et blanc. Sur chaque piédestal, est un groupe d'enfants de bronze naturel accompagné d'une espèce de cartouche ovale pour mettre des inscriptions : un enfant de ces groupes représente le Génie de la France qui pleure, et l'autre la Prudence.

» L'autre groupe représente la Fidélité et le Génie de l'évêché de Fréjus aussi pleurant.

» L'auteur a mis en haut de la niche la figure du Temps, qui soutient une grande draperie pour faire connaître qu'il n'obscurcira jamais les vertus de M. le cardinal de Fleury. »

Laissant de côté le caractère dramatique et en même temps allégorique du sujet, que le sculpteur choisit pour le projet, que nous avons déjà discuté, on peut noter la grande importance donnée à l'architecture dans l'ensemble, le soin extrême dans le choix de marbres de différents coloris et surtout la persistance des Vertus purement décoratives du soubassement.

Le monument de François de la Peyronié (1) mort en 1748, qui se trouvait autrefois à l'église Saint-Côme et Saint-Damien, fut érigé par l'Académie de Chirurgie en 1749. Il se composait d'un médaillon fixé au sommet du piédestal devant une urne qu'il cachait à demi. A droite, on voyait un petit génie, tenant le miroir de la vérité, qui offre le médaillon à la France représentée par un globe et trois fleurs de lys.

Edme Bouchardon, 1698-1762. — Les deux tombeaux qui furent exécutés par Edme Bouchardon ont disparu et en conséquence, tout ce qui nous reste de son œuvre funéraire, ce sont quelques dessins et deux modèles pour le tombeau du cardinal de Fleury.

En 1728, Bouchardon envoya au cardinal d'Albani, à Rome, un modèle qui lui fut commandé pour le tombeau de Clément XI.

---

1. Voir Raunié, *l'Épit.*, t. III, p. 174. — Millin, *Ant. nat.*, t. III, n° XXXV, planche 1, fig. 2.

Le choix du cardinal, neveu du pape et chargé des fonds destinés à l'exécution de son tombeau, s'arrêta sur le modèle de Bouchardon, mais des intrigues finirent par faire donner la commande à un Italien.

D'après le comte de Caylus (1), le monument de la duchesse de Lauraguais, qui fut érigé en 1735 à l'église de Saint-Sulpice, était « composé d'une seule figure de femme éplorée et représentée dans l'abandon de la douleur. Elle est traitée de petite nature et appuyée contre une colonne sur laquelle on lit ces mots tirés en partie d'Horace : *Ut flos ante diem flebilis occidit*. Il est fâcheux qu'une expression si touchante et si bien rendue soit aussi mal éclairée et ne soit exécutée que sur une pierre de tonnerre ».

Cette petite inscription montre que le tombeau de la duchesse de Lauraguais fut très significatif, car il semble être le premier exemple de tombeau dont le principal décor fut une femme pleurant, type si populaire chez Vassé, Saly et d'autres sculpteurs de la seconde moitié du siècle.

Le tombeau de M. d'Armenonville, garde des sceaux, et de M. de Morville, ministre des Affaires étrangères, montre le même caractère froid et classique que le monument précédent. Il « n'a consisté que dans une

---

1. Voir 1° *Vie d'Edme Bouchardon, sculpteur du roi*, par le comte de Caylus, 1762, in-12. Paris, 2° *Arch. mus. fr.*, t. III, p. 192, n° 375 (année 1816). Chose curieuse, M. Champeaux dans son *Art décoratif dans le Vieux Paris* (Paris, 1898, p. 88), dit que le musée du Louvre a recueilli le tombeau de la duchesse.

urne double qui fait allusion à la mort du père et du fils, arrivée à fort peu de distance l'une de l'autre. Cette urne de marbre est appuyée sur un très grand rideau qui porte deux inscriptions. L'ouvrage n'est que de pierre, mais l'ornement ne peut être mieux entendu et Bouchardon n'a pu tirer un autre parti du peu de dépense que l'on voulait faire. Ce tombeau est dans une chapelle de Saint-Eustache qui appartient à la famille de M. d'Armenonille (1). »

Le comte de Caylus dit aussi que Bouchardon fit des dessins pour la décoration de la chapelle, y inclus le tombeau de l'abbé de la Grange (2), à Notre-Dame de Paris. Malheureusement, manque d'argent, ils ne furent pas exécutés et le tombeau fut fait par un sculpteur assez obscur, Antoine-Nicolas Cousinet, qui en exposa l'esquisse au Salon de l'Académie de Saint-Luc en 1752.

Le musée du Louvre possède neuf dessins de tombeaux de Bouchardon (3), deux (n° 821-822) ressemblent un peu au tombeau de la duchesse de Lauraguais, car ils sont composés d'une femme assise sur un sarcophage et qui tient une urne. Un autre (n° 826) a un caractère tout à fait allégorique, sans effigie du défunt. « Au-dessus d'un sarcophage engagé,

---

1. Comte de Caylus, *op. cit.*

2. M. Roserot (*Edme Bouchardon.* Paris, 1910, in-4°) reproduit à la page 33 un projet de tombeau de prélat attribué à notre sculpteur (collection particulière) qui est peut-être une esquisse pour le tombeau de l'abbé. Il représente un prélat agenouillé sur un très haut soubassement.

3. N°° 819-827. *Catalogue de Guiffrey et Marcel*, t. II, p. 7.

deux anges soulèvent une draperie qui découvre une stèle : au fronton, un écu portant des armes flanqué de deux cornes d'abondance renversées et surmonté d'un casque. » L'apparence de la stèle annonce la réaction classique.

D'autres encore sont des types de buste et de priant.

Les deux projets (1), par Bouchardon, pour le tombeau du cardinal de Fleury, furent exposés aux Salons de 1743 et 1745. Mais avant de les étudier, il faut dire quelques mots sur le concours lui-même et son histoire.

Le cardinal de Fleury mourut le 29 janvier 1743. Le 9 février, Gabriel écrit à Bouchardon que le roi a ordonné au contrôleur général, M. Orry, de faire faire plusieurs modèles pour le mausolée qui devait être érigé aux frais du gouvernement dans l'église Saint-Louis du Louvre. Les artistes, qui furent choisis par le contrôleur général, furent Bouchardon, Lemoyne et Nicolas-Sébastien Adam. Les modèles furent exposés à Versailles vers le milieu de l'année, et au Salon du 5 août où Ladatte et Vinache, quoique ne faisant pas partie du concours, exposèrent eux aussi des projets. Le 29 septembre, Bouchardon fut choisi définitivement pour exécuter le tombeau. Mais, il

---

1. Voir *Le Mausolée du cardinal de Fleury ; Deux maquettes d'Edme Bouchardon*, par M. A. Roserot. Réunion des Sociétés des Beaux-Arts des départements, année 1893, p. 419 et aussi ch. V, p. 69-82 de *Edme Bouchardon*. Paris, 1910-4 par le même auteur.

faut bien le remarquer, son premier projet ne fut pas accepté et le ministre avait demandé un second dessin « dans lequel la figure du cardinal fût moins subordonnée aux figures accessoires (1) ». Le second projet fut exposé au Salon de 1745 (n° 73 du livret du Salon).

Les comptes des bâtiments du roi montrent que Bouchardon fit plusieurs modèles et même en 1745, une ébauche (2), en marbre pour laquelle il reçut 4.000 livres (3). On se demandera donc tout naturellement pourquoi il n'a pas exécuté le mausolée. Sur ce point, on ne sait rien. M. Roserot donne une explication qui semble être très probable. D'après lui, M. Orry, qui avait rempli les fonctions de contrôleur général des finances sous le ministère du cardinal Fleury, aurait secondé puissamment l'idée d'élever un monument aux frais du trésor royal. Et par conséquent, lorsqu'il fut disgracié le 6 décembre 1745, tout travail aurait été arrêté.

D'après Caylus (4) et Cochin (5), la famille du prélat, fatiguée par de nombreux délais, décida de subvenir elle-même à la dépense et s'adressa à Lemoyne qui érigea le monument actuel, qui se trouvait autrefois à l'église Saint-Louis du Louvre.

---

1. *Vie de Bouchardon*, par le comte de Caylus, p. 70-71.
2. Archives nationales, o'2244. f° 292.
3. Archives nationales. 1'1931 minute.
4. *Vie d'Edme Bouchardon*, p. 56.
5. *Mémoires inédits de Charles Cochin sur le Comte de Caylus, Bouchardon*, etc. Publiés par Charles Henry, 1880. Paris, p. 95.

M. Roserot montre que ce tombeau ne fut pas exécuté d'après le dessin ou projet exposé par Lemoyne au Salon de 1743, mais fut plutôt une imitation du second projet de Bouchardon. Nous discuterons ce point plus tard, lorsque nous étudierons l'œuvre funéraire de Lemoyne.

En laissant de côté les autres modèles exposés au Salon de 1743, qui trouveront leur place dans l'œuvre funéraire de chaque sculpteur, considérons d'après la description du livret du Salon et d'après la maquette qui appartient à M. Pesme (1), celui de Bouchardon :

« On y voit d'abord, comme motif principal Son Éminence à genoux sur un prie-dieu (*sic*) au-dessus de son tombeau .»

« Derrière lui et sur le même plan, est *le* génie de la France, qui, sous la figure d'un enfant éploré, tient trois couronnes que Son Éminence semble lui avoir remises pour ne plus s'occuper que des grandeurs éternelles. La première de ces couronnes qui est de laurier, exprime son zèle pour la gloire du roi et de l'État ; la seconde qui est de chêne et que les anciens nommaient couronne civique, est le symbole de son amour pour la Patrie et de son attention à ménager les peuples ; la troisième enfin qui est d'olivier, attribut ordinaire de la paix, annonce qu'elle (*sic*) était le thème heureux où tendaient toutes ses vues.

» Au pied du tombeau sont deux lions, dont l'un

---

1. o m. 476 de la base cintrée au sommet de la tête du cardinal. En cire rouge. Reproduit par M. Roserot, p. 424.

écrase l'hydre vaincue, tandis que l'autre tient le masque qu'il a arraché à l'erreur, et le flambeau de la discorde prêt à s'éteindre.

» Deux consoles qui supportent le tombeau, laissent entre elles un champ où l'on a placé l'emblême de l'Éternité exprimé à l'Antique, par un Serpent, qui, se mordant la queue, forme un cercle ou rond parfait, au milieu duquel un sable aislé marque, par opposition, le nombre et la rapidité des jours que nous passons sur la terre.

» Plus bas, et sur une plate-forme, formée par une double plinthe qui décrit un avant-corps, sont deux figures de Vertus affligées, qui s'appuient sur le globe de la terre, où l'on distingue surtout l'Europe comme la partie du monde où la réputation de Son Éminence s'est le plus répandue, parce qu'elle a été plus particulièrement l'objet de ses travaux. Une de ces Vertus, caractérisée par le gouvernail qu'elle tient à la main, par le Miroir et le Serpent qui sont à ses pieds, marque l'Équité, la Prévoyance et la Sagesse qui accompagnaient son administration ; l'autre, qui représente la Religion, est reconnaissable à son voile et à sa croix, de même qu'au rouleau ou volume antique sur lequel son bras droit est posé, et la flamme ardente qu'elle élève et dirige vers le ciel.

» On a mis, au haut de la contre-table qui sert de fond à ce mausolée, le cartouche des armes de Son Éminence, ornée (*sic*) d'une simple guirlande de cyprès, pour répondre, par cette simplicité, à son extrême modestie dans tout ce qui le regardait personnellement. »

On trouve l'addition suivante dans une copie contemporaine (1) : « L'arcade, dans le fond de laquelle est placé le tombeau, a treize pieds six pouces d'ouverture, sur environ trente pieds trois pouces de hauteur et ces figures auront dans l'exécution, six pieds trois pouces de hauteur. On peut juger les autres parties par l'échelle qui est au pied du modèle. »

Le livret, au Salon de 1745, décrit ainsi le second modèle : « Qui, ayant été approuvé par Sa Majesté, s'exécute en marbre, sous les ordres de M. le Contrôleur Général, pour être placé dans l'église de Saint-Louis du Louvre.

M. le cardinal de Fleury couché entre les bras de la « Religion et soutenu par cette vertu, qui fut toujours l'objet de ses soins, est représenté expirant. Sa vue dirigée vers le ciel, les bras étendus, toute son attitude, marque une entière résignation à la volonté de Dieu, et une confiance sans borne en sa miséricorde. Un spectacle si touchant, le souvenir d'une longue et paisible administration, excitent les justes regrets du Génie de la France et lui font répandre des larmes dont il arrose le pied de la colonne funéraire qui porte l'urne destinée à renfermer les cendres de son Éminence. Ce groupe de figures est posé sur un stylobate cintré par le plan et élevé de cinq pieds au-dessus du niveau du pavé de l'église et il occupe

---

1. Cité par M. Roserot, p. 424.

tout le fond d'une arcade qui fait partie de la décoration au lieu où ce mausolée doit être placé. » Un modèle en cire blanche qui ne représente que les deux figures principales appartient à M. Pesme (1).

En son second dessin, comme on le voit, Bouchardon abandonne le type de priant que quatre des cinq sculpteurs ont employé au salon de 1743, et imite, même pour ses personnages le tombeau de Richelieu. Les gestes et l'aspect général de Fleury, sauf le bras droit qui est étendu, au lieu d'être plié sur la poitrine, est exactement semblable. La même chose pour la figure de la Religion.

Il est malheureux que la maquette ne contienne pas la figure du Génie de France et la colonne funéraire avec l'urne, motif classique, car la description du livret ne dit pas un mot sur leur emplacement dans l'ensemble.

J.-B.-N. Dupuis, 1698-1750. — Le sculpteur amiénois Jean-Baptiste Dupuis exécuta, en 1748, le tombeau en pierre blanche de Pierre Sabatier (2) qui se trouve à la cathédrale d'Amiens. Restauré en 1897 par M. Mollien, il se compose d'un sarcophage d'où sort la figure du prélat de grandeur naturelle, accompagnée d'un enfant qui lui présente une couronne. Au-dessus, s'élève une pyramide devant laquelle passe un ange sonnant de la trompette.

---

1. Om. 165 de haut depuis le dessus du socle jusqu'au sommet de la tête de la Religion. Reproduit par M. Roserot, p. 430.
2. *Dict. sculpt. fr.* t. III, p. 314.

Nous avons ici affaire à un exemple du type de résurrection employé déjà depuis longtemps par Le Brun dans le tombeau de sa mère. L'introduction de l'enfant avec la couronne de l'immortalité fait honneur à l'esprit allégorique du xviiie siècle. Le défunt n'est pas seulement éveillé par la trompette du Jugement dernier, mais il entre en même temps au Paradis.

Dumandré,1701?-1781. — Le seul tombeau exécuté par Hubert Dumandré (1), sculpteur français appelé en Espagne, est celui de Philippe V et de sa femme. Il « est posé sur un piedestal supportant une urne : Deux statues sont de chaque côté : la Charité et la Douleur ; au-dessus, deux médaillons représentent le roi et la reine couverts d'un voile qu'une Renommée cherche à soulever. Derrière, une pyramide portant les armes d'Espagne soutenues par un ange et un enfant. Ce mausolée est placé dans la collégiale de Saint-Ildefonse. Pierre Pitué est l'auteur de la statue qui est à gauche du sépulcre et des anges qui soutiennent l'écu royal (2). »

Jean Bapt. II Lemoyne, 1704-1778. — Le 21 juillet 1735, Catherine, comtesse de Feuguières, passa un contrat (3) avec les Jacobins de la rue Saint-Honoré

1. Voir Dussieux, *Les Artistes français à l'étranger.* Paris 1885, page 374.
2. Delaborde, *Voyage pittoresque en Espagne,* t. III, p. 182, 2e édition, 1807-1820.
3. *Nouvelles archives de l'Art français* 1875, p. 122. et suivantes.

pour le mausolée qu'elle voulait ériger en l'honneur de Pierre Mignard son père. C'était probablement entre les années 1735 et 1742, date de la mort de la comtesse, que Lemoyne exécuta le tombeau en question. Millin (1) ajoute qu'il n'a été achevé que quelques années après sa mort.

D'après la gravure (2) du monument qui est disparu, Mme de Feuguières (3) était représentée de grandeur naturelle à genoux priant Dieu pour son père. Derrière le buste de Mignard, s'élève une pyramide de marbre gris, adossée au mur en légère saillie. Le Temps figuré en bronze, la faux à la main, s'envole et emporte le voile qui couvrait le buste du peintre pour offrir cette effigie aux regards de la postérité. Auprès du buste, sont les génies de la Peinture désolés, qui pleurent en voyant la palette et les pinceaux.

Dans ce tombeau, Lemoyne fut forcé d'ajuster, pour ainsi dire, sa composition au buste de Mignard par Girardon (4) que la comtesse fit entrer dans la composition du mausolée. Pour introduire Mme de Feuguières dans l'ouvrage, il ne se contenta pas de représenter seulement deux bustes des défunts sans

---

1. Millin, *Ant. nat.*, t. I, p. 42.
2. Millin, *Ant. nat.*, t. I, n° IV, pl. 4, p. 42.
3. La statue de Mme de Feuguières est maintenant une Madeleine dans la chapelle du Calvaire. Voir Stanislas Lami. *Dict. sculp. fr.*, t. IV, p. 212.
4. A propos de la confusion qui a existé longtemps entre le buste de Mignard par Girardon et celui par Desjardins, voir l'article, par Louis Courajod, *Le Buste de Pierre Mignard au Musée du Louvre* (Gazet des Beaux-Arts, 1884, 1er février).

aucune relation entre eux. Mais il unit la fille au père par une idée dramatique tout à fait dans l'esprit du siècle. Il la montre en prière pour Mignard, représentation qui garde en même temps l'importance relative du père. Les génies qui pleurent, le Temps qui emporte le voile, sont des élémentsbanals de l'époque. La valeur de l'ouvrage reste dans l'idée centrale.

En 1743, Lemoyne fit un projet pour le fameux tombeau du cardinal de Fleury : d'après le livret du Salon (n° 51), « le cardinal est représenté en prières. Le Temps lève le voile qui cachait l'inscription et y montre les attentions de Sa Majesté pour ce ministre.

» La fidélité du roi le pleure et les génies soutiennent ses armes.

» Les figures sont de marbre blanc, excepté celle du Temps, dont la couleur de bronze représente la Vieillesse. »

Il est curieux de constater que le sculpteur a employé ici les mêmes éléments qu'on a trouvés dans le tombeau de Mignard, c'est-à-dire, un priant, le Temps qui enlève un voile, des Vertus ou femmes allégoriques qui pleurent. Seulement dans le tombeau de Mignard, le thène du Temps est subordonné au motif qui unit la fille et le père.

On ne sait pas la date à laquelle Lemoyne commença le tombeau actuel du cardinal (1). Bouchar-

----

1. Autrefois à l'église Saint-Louis du Louvre, dans la chapelle de l'Annonciation. Il fut transporté en 1794 au musée des Petits-

don mourut en 1762, et en 1765 Lemoyne travaillait aux marbres, car le 3 mars il écrivait à M. de Marigny : « La disgrâce de la mauvaise qualité des marbres pour le tombeau de feu M. le cardinal de Fleury me cause de grandes dépenses. J'ai trouvé, j'espère, un bloc de marbre à force d'argent, ce qui me met à l'emprunt pour vivre (1). » L'ouvrage fut fini au commencement de 1768, comme nous l'apprennent les mémoires secrets de Bachaumont (le 28 janvier) : « Le mausolée du cardinal de Fleury vient d'être découvert depuis peu à Saint-Louis du Louvre. Il est du sieur Lemoyne (2). » Puis, la description pittoresque du monument par Dandré-Bardon publiée dans *le Mercure de France*, de mars 1768 (p. 156) porte la date du 12 février.

Il y a une autre question qui reste très indécise. Le comte de Caylus (3) et Charles Cochin (4) disent, tous les deux, que le tombeau fut élevé aux frais de

------

Augustins où il resta jusqu'en 1800 ou 1803 environ. Depuis cette date il a disparu, excepté les trois fragments des statues du Cardinal et de l'Espérance qui se trouvent dans les cours de l'École des Beaux-Arts. Les autres marbres furent probablement employés par Lenoir pour restaurations, etc. Voir l'article par M. Gaston Brière. *Note sur le tombeau du Cardinal de Fleury par J.-B. Lemoyne ; A propos d'un moulage du musée de Versailles* (*Bulletin de la Société de l'Histoire de l'Art français*, 1908, p. 113, 122).

1. Archives nationales, o¹, 1908.

2. Cité par Thirion, *Les Adam et Clodion*, 1886. Paris, in-f°. p. 135.

3. *Vie d'Edme Bouchardon*, p. 56.

4. *Mémoires inédits de Charles Cochin sur le comte de Caylus Bouchardon, les Slodtz*, publiés par Charles Henry, 1880, Paris. in-8° p. 75.

la famille du prélat. D'autre part, l'inscription du monument cité par Dandré-Bardon, contient cette ligne :

De patria bene merito, Rex memor poni jussit

En second lieu, pourquoi Lemoyne écrit-il à M. Marigny à propos des marbres, s'il ne travaille pas pour le gouvernement ?

Puis, la composition générale de l'œuvre ressemble d'une manière frappante au second projet de Bouchardon qui semble bien avoir plu au roi. En effet, M. Roserot (1) accuse Lemoyne d'avoir volé l'idée de Bouchardon, accusation qu'on pourrait porter contre Bouchardon lui-même qui a emprunté en bloc, du tombeau de Richelieu, le projet de 1745. Est-il impossible que Lemoyne, à la mort de Bouchardon, ait été choisi par le gouvernement pour exécuter le tombeau, et qu'il ait, par conséquent, employé pour la conception générale, l'idée déjà acceptée du sculpteur défunt.

Quand au tombeau lui-même, longtemps disparu (2), on peut, pour l'étudier, avoir recours à deux sources : la description pittoresque de Dandré-Bardon et la mauvaise gravure reproduite dans la

---

1. *Op. cit.*, sur Bouchardon, p. 433-435.
2. Voir *Arch. mus. mon. fr.* (*Invent. rich. Art. de Fr.*), t. II p. 167, année 1794 : « quatre figures colossales sculptées en marbre blanc par J.-B. Lemoyne, provenant du tombeau du cardinal de Fleu ry, à Saint-Thomas du Louvre. »

sixième édition (1778) du *Voyage pittoresque de Paris*, de Dezallier-Dargenville (1) : voici la description de Bardon :

« Dans l'ouverture d'une arcade immense, où divers arrière-corps dégradés en perspective présentent un enfoncement considérable, s'élève le mausolée du cardinal de Fleury. Toutes les figures y sont de ronde-bosse, et d'une proportion convenable au local. Le prélat y paraît étendu sur un tombeau : prêt à rendre les derniers soupirs entre les bras de la Religion, il reçoit avec humilité les motifs consolants qu'elle lui propose, en déposant dans ses mains le signe du salut, et en le confirmant dans l'espoir de l'Immortalité que ses vertus lui ont méritée. Non loin est l'Espérance. Elle dirige son geste et ses regards vers le séjour de l'éternité promise aux justes. On voit sur un plan avancé, la France saisie de douleur en considérant la perte d'un ministre qui lui fut aussi cher, qu'elle lui fut chère elle-même : on dirait qu'elle s'éloigne du tombeau pour se dérober aux horreurs de la catastrophe. Les symboles des distinctions dont le cardinal était décoré, sont au pied du tombeau avec le cartel de ses armes. Dans le fond, s'élève une pyramide surmontée d'une urne sépulcrale qu'accompagnent des festons de cyprès : on y lit un passage tiré de Job qui a le plus grand rapport avec les dispositions du prélat, etc... »

Quand on compare cet ouvrage avec le second

---

1. Pl. III, p. 123.

projet de Bouchardon, on voit d'abord que l'idée centrale de tous les deux est la même, c'est-à-dire la mort du cardinal entre les bras de la Religion. Mais tandis que chez Girardon, et après lui chez Bouchardon, il est renversé sur son chevet, d'autre part, chez Lemoyne, il est couché sur le côté. Il est curieux de constater que la Religion porte une croix, attribut porté aussi par la Foi dans le projet de 1743 de Bouchardon. L'Espérance aux pieds du mourant est une addition due à Lemoyne. La France, qui pleure la perte du cardinal, ressemble d'une manière frappante au même personnage du projet de 1743 de Bouchardon. En effet, il semble bien que Lemoyne s'est inspiré des deux modèles de Bouchardon et non pas simplement de celui de 1745.

Outre le tombeau lui-même, il y avait dans la chapelle de l'Annonciation, une autre œuvre qui mérite notre attention : c'est le grand bas-relief de l'Annonciation qui servait de tableau d'autel. D'après Dezallier-Dargenville (1), il « était en marbre de couleur », mais Cochin a probablement raison en disant que les « figures en relief furent peintes en couleur de chair, pendant que les draperies furent également rehaussées ».

Pourquoi Lemoyne a-t-il mis un bas-relief dans cette chapelle ? D'après Cochin (2) « M. Lemoyne,

---

1. *Voyage pittoresque de Paris*, édition de 1778. p. 123.
2. *Mémoires inédits de Charles Cochin sur le comte de Caylus, Bouchardon, les Slodtz*, publiés par Charles Henry, 1880. Paris. in-8°, p. 92.

saisissant mal l'idée qu'on lui a donnée des tombeaux du Bernin à Saint-Pierre de Rome, s'est avisé de mêler de la peinture avec la sculpture ». Mais, en effet, l'emploi de ce bas-relief n'était-il pas une imitation de l'idée introduite par Le Bernin dans les tableaux d'autel des chapelles Raimondi et Cornaro ?

Pour conclure, le tombeau du cardinal de Fleury semble avoir été un exemple assez saisissant de la sculpture funéraire de l'époque. Il est bien entendu que, en ce qui concerne l'unité de composition, il fut fort inférieur à l'ouvrage de Girardon, mais il fut probablement exécuté dans un style mouvementé et dramatique qui compensa, en partie au moins, cette faute. Il est vrai que Dandré-Bardon était un grand admirateur de Lemoyne et en conséquence, il faut se mettre en garde contre ses louanges. Mais il y a probablement une part de vérité dans les passages où il parle de l'effet pittoresque du tombeau : « L'œil connaisseur est agréablement séduit par la richesse du spectacle, par l'intérêt de la composition, par la fidélité de la manœuvre, et par l'heureuse association des bronzes et des marbres divers.

» On ne doit point regarder cet ouvrage comme un simple bas-relief de ronde-bosse à plusieurs plans. Il est permis de l'envisager comme un très grand tableau ; la magnificence, la régularité du spectacle ont exigé que les proportions des figures fussent en harmonie avec l'immensité de la toile et de la bordure... »

En 1763, Lemoyne commença le tombeau de Prosper de Crébillon qui fut érigé à l'église Saint-Gervais. Recueilli au musée des Petits-Augustins (1), en 1799, il se trouve aujourd'hui au musée de Dijon. Le groupe en marbre blanc représente Melpomène qui déplore la mort du poète tragique, en s'appuyant contre son effigie en buste.

Michel-Ange Slodtz, 1705-1764. — Michel-Ange Slodtz est connu surtout comme l'auteur de deux mausolées tout à fait magnifiques dont le premier est, à coup sûr, une conception aussi remarquable que celle du tombeau du duc de Bouillon, au commencement du siècle. Je veux parler de ceux des archevêques d'Auvergne et de l'abbé Languet de Gergy.

La première œuvre funéraire de Slodtz est le tombeau de Wleughels (2), directeur de l'Académie de France, mort en 1737, qui se trouve encore à l'église Saint-Louis des Français, adossé à un pilier du bas-côté de gauche. Au-dessus de l'inscription, on voit un génie de la Mort qui tient à la main gauche une palette et qui, de la main droite, soulève une draperie du médaillon de Wleughels. A ses pieds, il y a un flambeau éteint, et les armes du défunt. Le tout est en marbre blanc.

---

1. *Arch. mus. mon. fr. (Invent. rich. art. fr.)* t. II, p. 393. « Le 26 mai 1799, reçu du dépôt de Nesle une figure colossale en marbre représentant Melpomène appuyée sur le buste de Crébillon, sculpté par D'Huez ». Le t. I, p. 49, l'attribue à Lemoyne pendant que le t. III, p. 192, l'attribue à Lemoyne et D'Huez.

2. Voir *Dict. sculpt. fr.*, t. IV, p. 339.

Le contrat pour le grand tombeau de la cathédrale de Vienne (1) fut passé entre Slodtz et le cardinal de la Tour, le 1ᵉʳ octobre 1740. Le modèle en
stuc fut terminé le 13 juin 1742, et, en septembre de
l'année suivante, le travail fut à peu près achevé.
Cependant des circonstances inconnues retardèrent
longtemps l'envoi de Rome en Auvergne, car la pose
de l'inscription porte les mots : *posuit 1747*.

Au-dessus d'un sarcophage de marbre brunâtre,
est à demi-couché l'archevêque de Montmorin, ten-
dant la main et appelant à lui son futur successeur
le cardinal de la Tour d'Auvergne, auquel il montre
la croix et la mitre qui lui sont destinées. Devant
lui se dresse le cardinal lui-même. Sur la gauche, un
ange se dispose à écrire sur un livre ouvert devant
lui (*Les Annales de l'archevêché de Vienne*), tandis
qu'il soutient de la main gauche les armes de la Tour
d'Auvergne. Une grande pyramide de marbre violacé
Saravezza, qui se termine par un vase où brûlent des
parfums, sert de fond au monument. L'ensemble a
environ dix mètres de hauteur sur six mètres de largeur. Le soubassement est dissimulé sous une draperie, sur laquelle est gravée l'inscription qui nous
aide à comprendre le sujet du tombeau : la voici :
« Le prince Oswald de la Tour d'Auvergne, maintenant cardinal et archevêque de Vienne, autrefois
vicaire général d'un si grand prélat qui le désignait

1. Voir *Le Mausolée dans la cathédrale de Vienne par le sculpteur Michel-Ange Slodtz*, par M. S. Georges. Réunion des
sociétés des Beaux-Arts des départements. Année 1896, p. 325 et
suivantes.

comme l'héritier formé par sa parole, ses exemples, et tout l'esprit du sacré ministre, a fait élever avec justice à son excellent prédécesseur cet éternel monument de sa gratitude en attendant qu'il lui soit donné de rejoindre ses cendres chéries. »

Cet épitaphe explique bien ce fait qu'il s'agissait pour le sculpteur de commémorer les rapports intimes qui existèrent entre le cardinal de la Tour et son prédécesseur, en même temps que son ami, auquel il éleva le monument. En résultat, Slodtz a créé un tombeau unique dans l'histoire de la sculpture funéraire en France. Pour la première et pour la seule fois, le sujet d'un mausolée, conçu d'une manière dramatique, est tiré de la vie des défunts et ce sujet est exprimé sans l'intermédiaire des figures allégoriques ou même des allégories. Le Gros, Roubillac, d'autres encore ont tenté la même chose, mais leurs ouvrages deviennent très faibles en comparaison du chef-d'œuvre de Vienne. Slodtz a pris le moment où l'archevêque de Montmorin désigne le cardinal comme son successeur, moment bien imaginaire, il est vrai, mais qui trouve son origine dans le désir de l'archevêque. Si la scène est idéalisée par l'absence de réalité, on constate un réalisme puissant dans les deux figures magnifiques des prélats qui se regardent, vêtus non pas à l'antique, mais, suivant la phrase de M. Marcel Reymond « dans le majestueux éclat de la pourpre romaine » (1).

---

1. *Grenoble et Vienne*, par Marcel Reymond. Paris, 1907, p. 143.

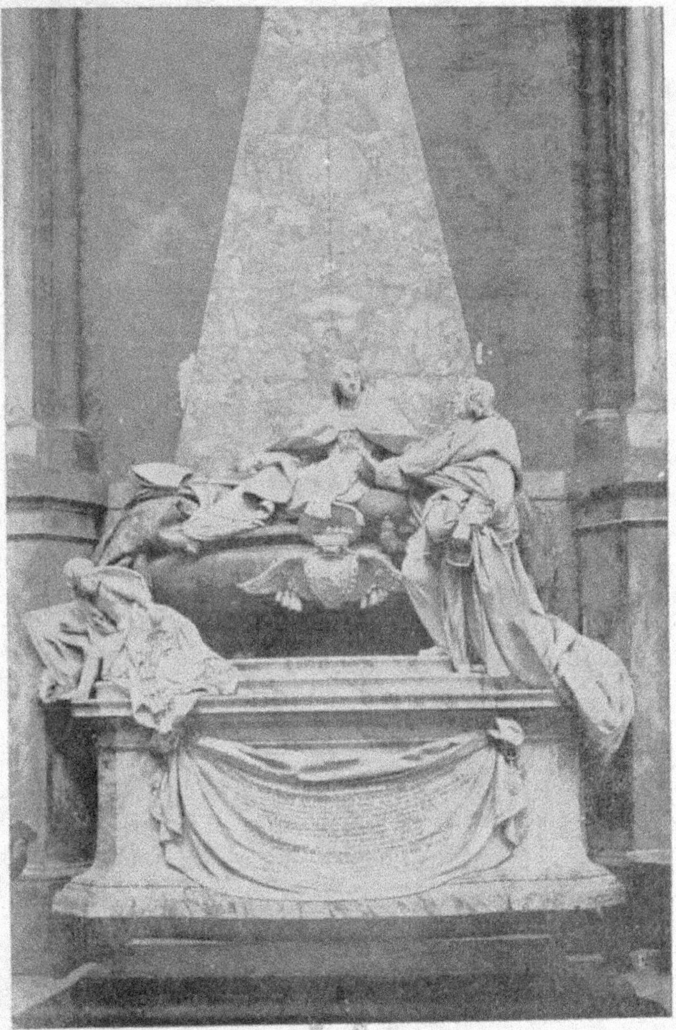

Phot. DUCHEMIN.

Tombeau des Cardinaux de la Tour d'Auvergne

par Michel-Ange SLODTZ

Cathédrale de Vienne

PLANCHE IX

A part cette première remarque, à savoir que le sujet tiré de la vie des défunts est idéalisé d'une manière qui convient à la sculpture monumentale, il est un autre point tout aussi important à noter, c'est l'absence de tout élément allégorique, car le petit ange avec le livre et les armoiries n'est qu'un motif décoratif, sans aucune relation avec le groupe central.

C'est également pendant son séjour à Rome que Slodtz exécutait le tombeau du marquis Capponi, mort en 1746, qui se trouve aujourd'hui à l'église Saint-Jean-des-Florentins. L'ouvrage, d'une froideur extrême comme le tombeau de Wleughels, se compose d'un sarcophage de marbre vert qui est posé sur un socle de marbre jaune, portant l'inscription. Une femme, appuyée sur le tombeau, tient d'une main un livre. Deux petits génies soutiennent le médaillon du marquis qui est adossé contre une pyramide en marbre gris.

Le tombeau célèbre de l'abbé Languet de Gergy, mort en 1750, fut érigé en 1753, à l'église Saint-Sulpice. L'abbé, vêtu d'habits ecclésiastiques, est représenté à genoux sur un coussin rouge, tandis qu'un ange, également de marbre blanc, lui montre son bonheur futur au ciel. A gauche, la Mort figurée par un squelette en bronze tombe, vaincue par l'ange. Elle et l'abbé sont enveloppés d'une grande draperie de bronze. Le sarcophage est de marbre vert et la pyramide qui sert de fond est de marbre brèche d'Alep. Le soubassement qui porte l'inscription est de marbre gris. Il était autrefois orné de deux petits génies (1) avec la corne d'abondance et la croix.

Ici, Słodtz est revenu au tombeau où l'action dramatique est fournie par l'intermédiaire de personnages allégoriques. Le sujet est double. Il y a d'abord la lutte déjà finie entre l'ange et la Mort, et, en second lieu, l'action de l'ange qui montre à l'abbé l'immortalité qui l'attend. La Mort n'est que décorative. Elle remplit un espace dans la composition, sans prendre part à l'action des deux figures, comme chez Roubillac et Pigalle. Le deuxième motif de l'ange et du défunt, nous l'avons déjà vu dans le mausolée du marquis de la Vrillière et dans les cérémonies funèbres de l'époque. Puis, Nicolas-Sébastien Adam l'avait employé, quelques années auparavant, pour le tombeau de Catherine d'Opalinska (1745-1749).

En conséquence, Dezallier (2) a tort quand il dit que la composition du tombeau de l'abbé de Gerzy « parut neuve ». Mais sa seconde affirmation est tout à fait exacte : « Il y montra l'exemple de l'emploi ingénieux des marbres de diverses couleurs, exemple qu'avait donné le Bernin dans les tombeaux de l'église de Saint-Pierre de Rome. »

Nicolas-Sébastien Adam (1705-1778). — Le premier essai de Nicolas-Sébastien Adam dans le genre

---

1. Voir 1° La gravure par Saint-Aubin, 1757.
2° *Arch. mus. mon. fr. (Invent. rich. art Fr.)* t. II, p. 1579.
2. *Vie des fameux sculpteurs*, t. II, p. 367-75.

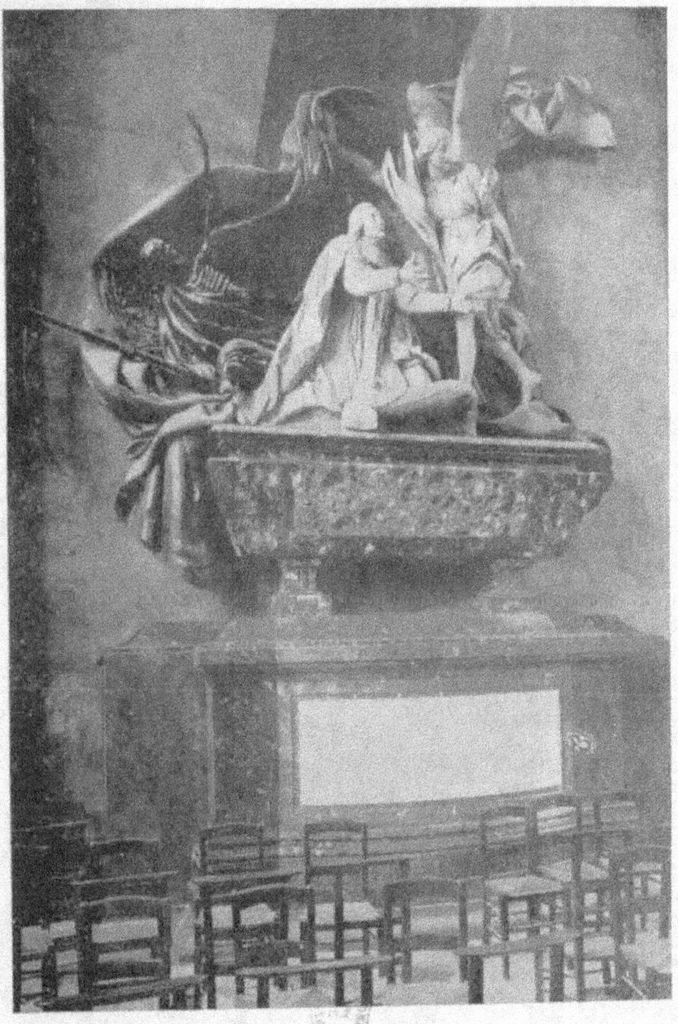

Tombeau de l'Abbé Languet de Gergy

par Michel-Ange SLODTZ

Église de Saint-Sulpice

de la sculpture funéraire, est son dessin pour le tombeau du cardinal de Fleury exposé au salon de 1743. D'après le livret (page 35 n° 106) : « Son Éminence est représentée à genoux sur son tombeau ; derrière lui, s'élève une pyramide, symbole de sa gloire, accompagnée de deux cassolettes fumantes, qui répandent de tous côtés la bonne odeur de ses vertus.

» Vers le haut de la pyramide, le Génie de la France s'efforce de retenir le Temps qui s'abaisse, dont la sable rompu et embrasé annonce la fin des jours de Son Éminence.

» L'Équité et le Secret, désignés par une seule figure debout, à côté du tombeau, s'effrayent de le voir s'approcher ; le chien, qui est au bas de cette figure, représente l'attachement inviolable de Son Éminence à la personne de Sa Majesté ; et l'urne renversée sous ses pieds, d'où se répand quantité de monnaie, fait connaître son parfait désintéressement.

» La Paix, assise vis-à-vis, tenant une branche d'olivier est consternée de la perte qu'elle fait. Les rares talents et les soins continuels que ce grand cardinal a apportés à l'éducation de Sa Majesté sont marqués par le Livre et le Caducée, et son écusson de l'autre côté soutient cette figure. Auprès d'elle, est un enfant qui, mettant une de ses mains sur sa poitrine, et étendant l'autre dans celle de la Paix, exprime la bonne foi qui était l'âme de toutes les actions de cet illustre ministre.

» L'architecture extérieure est couronnée par une urne funèbre ornée de guirlandes de cyprès. »

Ce modèle était certainement un fort curieux mélange de priant et de figures allégoriques. Mais il est impossible de le juger, même au point de vue de la composition, car notre seule guide, c'est-à-dire la description que nous venons de citer, est très vague et nous laisse en doute sur plusieurs points importants. On ne connaît pas la position des deux femmes allégoriques, ni le rôle de priant dans l'action dramatique entre le Génie de la France et le Temps.

Notons que c'est le raffinement de l'allégorie qui a modifié le caractère autrefois très simple des femmes allégories. Ici, deux qualités, l'équité et le secret, sont désignées par une seule figure. Malheureusement, le livret ne dit pas comment le sculpteur a exprimé cette double personnification. Cette tendance devient plus prononcée dans le modèle de La Datte pour ce même concours.

D'après Thirion (1), c'est le modèle d'Adam qui serait sorti vainqueur du concours, quoique, nous l'avons déjà vu, les archives elles-mêmes mettent hors de doute que Bouchardon fût le sculpteur choisi par le gouvernement. D'autre part, il semblerait (2) que le modèle d'Adam, était le plus popu-

---

1. *Les Adam et Clodion*, par Thirion, p. 133.

2. Voir *Lettre sur les quatre modèles exposés au salon de 1743 pour le mausolée de S. E. le cardinal de Fleury*. Paris, 1743 in-4°, 10 pages, anonyme, mais probablement par Pesselier.

laire de tous auprès le public qui était séduit, non par la composition générale, mais probablement par le style gracieux de l'artiste.

C'est son style séduisant et délicat qui fait en partie le charme du tombeau de Catherine Opalinska, reine de Pologne, qu'Adam exécuta entre 1747 et 1749 pour l'église de Bonsecours à Nancy.

Une pyramide aiguë, dont la pointe est décorée des armes de Pologne, et surmontée d'une urne funéraire, forme le fond du monument. A gauche, la reine, vêtue du manteau royal, est à genoux sur le sarcophage au milieu duquel est un aigle, les ailes éployées. Une couronne (1) et un sceptre sont placés devant elle ; à droite un ange, vêtu de draperies flottantes, lui montre de la main gauche le ciel, pendant qu'avec la main droite il touche l'épaule de la reine. Sur le soubassement, à droite et à gauche de l'épitaphe, sont deux médaillons qui représentent la Foi et la Charité.

De chaque côté du monument, sont des vases fumants, qui répandent comme dans le modèle du tombeau du cardinal de Fleury, « de tous côtés la bonne odeur de ses vertus ». Ce petit détail des vases fut répété plus tard par Vassé dans le tombeau de Stanislas, roi de Pologne, dans la même église.

Le thème de cet ouvrage, qui unit une conception dramatique à un style qui touche à la mièvrerie, se

---

1. Tout en oubliant cette couronne, les restaurateurs ont mis sur la tête de la reine, une couronne minuscule.

trouve par exemple dans le tombeau du marquis de la Vrillière et plus tard dans la cérémonie funèbre de la reine elle-même.

Le vol de l'ange tout à fait charmant et l'extase de la figure et du corps même de la reine font penser au fameux groupe de sainte Thérèse et de l'ange du Bernin.

Le monument (1749) du duc d'Ossolinski, grand-maître de la maison de Stanislas, qui se trouve lui aussi à l'église de Bon-Secours, quoiqu'il ne se compose que d'une épitaphe surmontée de deux petits génies qui supportent un cartouche avec les armes du défunt, a le même charme.

François La Datte, 1706-1787. — La Datte doit trouver place dans une étude sur la sculpture funéraire de cette époque, ne serait-ce qu'à cause de son projet pour le concours du tombeau du cardinal de Fleury, dont le livret du salon (p. 26, n° 101) donne une longue description que voici :

« Le prélat est le premier objet qui s'offre à la vue : on l'a présenté à genoux dans l'attitude et portant tous les traits d'un homme penétré de la miséricorde de Dieu. Il paraît invoquer cet Être Suprême dans un livre de prières qu'un ange tient ouvert devant lui, tandis qu'un autre ange témoigne par la vive douleur que son attitude dépeint, la perte que l'on vient de faire dans ce ministre.

» A la droite du tombeau, est une figure qui réunit, en elle seule, plusieurs attributs et tous relatifs à l'attachement inviolable du ministre pour le roi et à la confiance intime dont le monarque l'a honoré jusqu'au dernier instant.

» L'activité, le zèle et la fidélité du ministre sont représentés par le chien qui accompagne la figure dont on vient de parler, symbole connu de toutes ces vertus que l'on a voulu dépeindre, et que par cette raison l'on a cru devoir préférer à tout autre, dans un monument qui pourrait passer à des siècles moins éclairés que le nôtre.

» Le cachet que la même figure tient à la main, est l'emblème du secret impénétrable qui a fait tant l'honneur du ministère de M. le cardinal de Fleury.

» Par la clef que l'on y a jointe, on croit avoir assez bien exprimé la confiance du monarque et le bon usage que le ministre en a toujours fait.

» La figure à laquelle on a joint ces emblèmes, par les regards vifs et touchants qu'elle jette sur le ministre que nous avons perdu, paraît vouloir le suivre des yeux, jusque dans la nuit du tombeau.

» La figure que l'on a placée à la gauche du tombeau est d'un caractère différent : le miroir qu'elle tient à la main, et le faisceau de flèches sur lequel elle est appuyée, désigne d'une manière frappante la Prudence unie à la Force. La dignité que l'on a tâché de répandre sur toute cette figure, annonce assez le caractère de sagesse et de fermeté que l'on a voulu représenter d'après le prélat qui sert ici de modèle. Cette figure paraît pénétrée jusqu'à la tristesse mais non jusqu'au découragement.

» La Foi, représentée par un calice appliqué sur
un bouclier et au devant duquel s'élève la Sainte
hostie, objet de notre amour et de notre foi, se trouve
placée de manière qu'elle sert de couronnement à
toutes les vertus purement humaines que ce prélat
eût dédaignées si les chrétiennes ne les eussent
point accompagnées.

» Un ange tient suspendue sur la tête de Son
Éminence une couronne qui est le symbole de la
récompense que le Seigneur accorde à ses vertus.

» Enfin les armes du prélat sont appliquées au
corps du tombeau : mais de manière qui répond à la
modestie de celui qui n'a voulu d'autre gloire en
faisant bien que celle même d'avoir bien fait.

» Au pied du tombeau est un bas-relief qui représente la réunion de la Lorraine à la couronne de
France. »

Malheureusement, cette description, comme celle
du modèle d'Adam, quoique très instructive au point
de vue des allégories et de l'intention du sculpteur,
ne fait pas mention du fond ou du cadre d'architecture qui devait renfermer, pour ainsi dire, le groupe
ou le mausolée lui-même. Pas un mot sur la position
des deux femmes allégoriques en rapport avec le
priant ; elle ne nous apprend pas si elles sont placées
sur le soubassement ou plus haut près du sarcophage.

Mais, laissant de côté ces lacunes, on sait que le
modèle de La Datte figure le défunt à genoux et
qu'un ange lui présente un livre d'heures, souvenir du
tombeau du cardinal de Bérulle par François Anguier

et d'autres ouvrages du même genre au xvii² siècle, par exemple du mausolée de Colbert. De chaque côté, probablement sur un soubassement, était une femme allégorique qui tournait les yeux vers le priant d'après la mode introduite par le Bernin. Un ange, probablement volant, plaçait sur la tête du cardinal une couronne, motif assez populaire à l'époque.

Il est impossible, cela est bien entendu, de juger le style du modèle, mais certainement la conception n'en vaut pas grand chose. Le sculpteur n'a pas choisi une scène ou une action dramatique, mais il a emprunté par ci et par là les motifs qui forment un ensemble, on dirait volontiers, sans homogénéité.

Le point qui nous intéresse surtout dans ce modèle, c'est la complexité du caractère des femmes allégoriques. La femme à droite, qui réunit en elle seule plusieurs attributs tous relatifs à l'attachement inviolable du ministre pour le roi, rappelle la figure qui représente l'Équité et le Secret dans le projet d'Adam. Celle de gauche représente en même temps la Prudence et la Force, transformation curieuse des vertus cardinales autrefois si simples ! Rien de plus subtile que la Foi qui, au lieu d'être figurée par une femme, devient un motif purement décoratif.

Jean-Baptiste Pigalle, 1714-1783. — Chez Pigalle, la conception dramatique dans la scupture funéraire atteint son apogée. Le plus jeune de tous les sculpteurs de tombeaux qui travaillaient pendant la grande période comprise de 1720 à 1760, il a réalisé dans le mausolée du maréchal de Saxe, un ouvrage qui est peut-être l'exemple le plus éclatant de l'esprit de son temps. Et malgré la réaction vers l'antiquité, il est resté encore fidèle à ses premières idées ou mieux à son propre génie dans le tombeau du comte d'Harcourt, qui, quoique commandé en 1774, pourrait être presque en tous points, contemporain de celui du maréchal de Saxe.

Le premier ouvrage attribué à Pigalle dans le genre tombeau, semble être un petit monument en bronze et en marbre renfermant le cœur du prince René de Rohan-Soubise, mort en 1743 (1). Il se trouvait autrefois dans la chapelle du collège de Plessis-Sorbonne à Paris. Malheureusement c'est tout ce qu'on en sait. Tarbé (2) ne le comprend pas même parmi les ouvrages du sculpteur.

En conséquence, il faut commencer avec l'étude du mausolée du maréchal de Saxe (3) lui-même.

En février 1753 (4) Pigalle avait soumis deux pro-

----

1. Thierry, *Guide des amateurs et des étrangers voyageurs, à Paris*, 1787, t. II. p. 321.

2. *La Vie et les œuvres de Jean-Baptiste Pigalle, sculpteur*, par P. Tarbé. Paris, 1859, 1 vol. in-8°.

3. Voir *Le Mausolée du maréchal de Saxe par J.-B. Pigalle*, par E. Rocheblave. Paris, 1901, in-8°. Gravure par Cochin le fils, terminée au burin par Dupuis quand l'œuvre était dans l'atelier du sculpteur.

4. Le maréchal était mort le 30 novembre 1750. Mais, comme il appartenait à la religion réformée, il ne pouvait pas être inhumé Saint-Denis. En conséquence, Louis XV choisit l'église de Saint Thomas à Strasbourg.

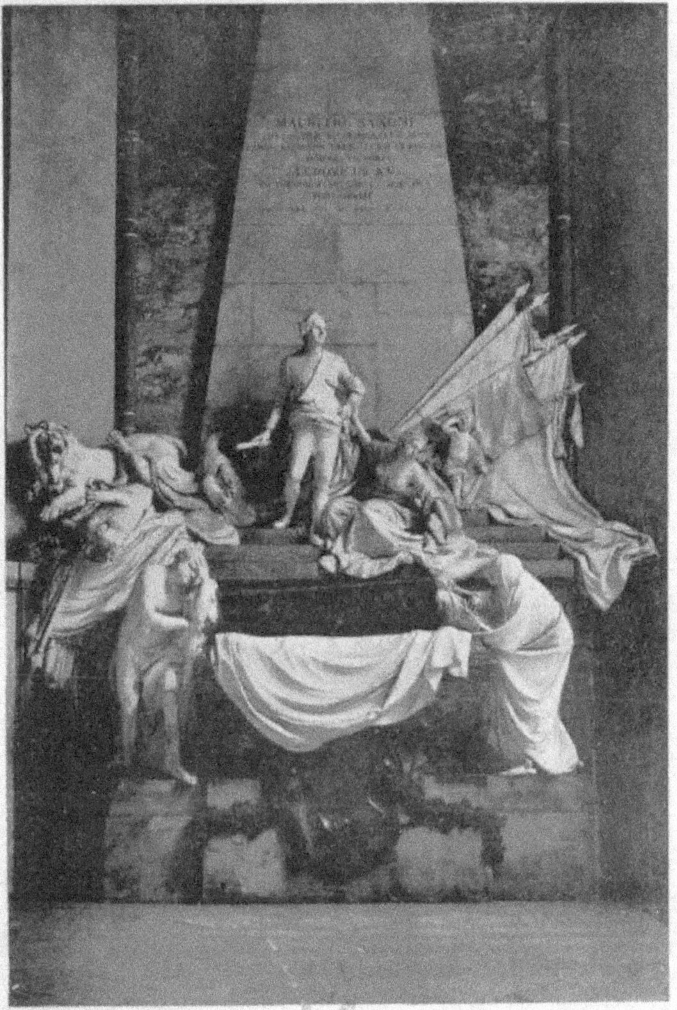

Tombeau de Maréchal de Saxe

par PIGALLE

Église de Saint-Thomas, Strasbourg.

PLANCHE XI

jets au roi pour le monument, et le mois suivant les clauses financières étaient arrêtées, le prix étant de quatre-vingt-cinq mille livres. Le modèle fut exposé au Salon de 1756 et, en août 1762, le directeur des bâtiments, M. de Marigny, invita Pigalle à choisir les blocs dont il avait besoin. En mai 1770, tout le travail d'atelier fut terminé, mais, pour des raisons inconnues, le tombeau ne quitta Paris qu'au bout de six ans, en 1776. Il fut inauguré en grande pompe le 20 août 1777.

Il serait inutile de décrire ce chef-d'œuvre que tout le monde connaît si bien. Seulement, il faut rappeler quelques points qui nous intéressent surtout.

La partie inférieure du soubassement est en saillie et sert, pour ainsi dire, de marche, pour la partie supérieure. Celle-là porte le sarcophage et les deux statues : l'Hercule à gauche, et de l'autre côté la Mort sous la forme d'un squelette qui, enveloppé d'une draperie, tient d'une main, la pierre du tombeau et, de l'autre, un sablier. Sur la partie supérieure composée de quatre gradins, paraît le maréchal debout, qui descend fièrement au tombeau. Derrière lui, s'élève une pyramide « symbole de l'immortalité ». A droite, sont les animaux, le lion, le léopard et l'aigle, qui symbolisent les nations vaincues, c'est-à-dire l'Angleterre, la Hollande et l'Empire. Entre le maréchal et la figure de la Mort, à la partie inférieure, est celle de la France personnifiée par une femme assise qui est revêtue d'un manteau fleurdelisé. Elle essaie de retenir de la main droite le maréchal. Derrière elle, est un petit Amour pleureur (1).

Le sujet de ce mausolée, assurément l'un des plus magnifiques dans l'histoire de la sculpture funéraire, est encore une idée dramatique : l'heure de la mort du maréchal, que le sculpteur a exprimée d'une manière allégorique par le sablier porté par le squelette. Cette idée de l'heure de la mort du défunt, qui se trouve aussi dans le tombeau du margrave Louis-Guillaume de Bade, attribué à Pigalle, est une forme bien curieuse de l'allégorie générale de la mort : l'élément de lutte y paraît au second plan. Le petit Amour et l'Hercule, qui remplace même au milieu du XVIIᵉ siècle chez Anguier, la Force chrétienne, composent l'élément classique.

Le réalisme apparaît dans la magnifique statue du maréchal, debout, vêtu à la contemporaine. C'est un exemple des plus rares où le sculpteur a rompu tout à fait avec les traditions funéraires, et a représenté la statue du défunt, non pas en demi-couchant ou en priant, mais dans l'attitude conforme au thème central du tombeau. Roubillac a osé la même chose dans le tombeau de lady Nightingale.

Le tombeau du margrave de Bade (2), mort en 1707, fut élevé en 1755 par son fils dans l'église collégiale de Baden-Baden. L'ensemble de marbre blanc se

____

1. Cette petite figure représentait dans le premier dessin le Génie de la guerre et portait un casque. Voir la gravure de Cochin.

2. Voir Tarbé. *op. cit.*, p. 67-69.

compose de quatre figures. Au centre, on voit le prince debout revêtu de son armure. A sa droite, est la Mort qui appelle le guerrier pour lequel l'heure de la mort vient de sonner. Loin de lui, à sa droite et à sa gauche, sont le génie de la Victoire et celui de l'Histoire. Des trophées, des drapeaux ennemis complètent l'ensemble. Quoique l'ouvrage ne soit ni daté ni signé, la tradition l'attribue à Pigalle.

Comme nous l'avons déjà noté, ce mausolée ressemble d'une manière tout à fait frappante au tombeau du maréchal de Saxe. Le thème central en est le même et, il faut le remarquer, ce sont les seuls exemples de ce sujet que j'aie pu trouver. Puis, dans tous les deux, la statue du défunt vêtue à la contemporaine est debout, point tout aussi extraordinaire que le premier.

Maintenant il est presque impossible que le tombeau de Baden-Baden soit une imitation de celui de Strasbourg, car les projets du dernier ne furent soumis au roi qu'en février 1753, et le modèle ne fut exposé que trois ans plus tard, tandis que le tombeau du margrave fut élevé dès 1755.

Enfin, si l'on considère d'abord les ressemblances si frappantes entre les deux mausolées et l'attribution traditionnelle du tombeau du margrave, ne semble-t-il pas possible qu'il soit de Pigalle et qu'il soit une première conception, on dirait volontiers, une esquisse, de l'ouvrage beaucoup plus grandiose et magnifique de Strasbourg.

Les trois tombeaux de Louis Gougenot, de Jean de

Montmartel et du marquis d'Harcourt furent exécutés par Pigalle après 1760, et par conséquent auront leur place au chapitre III.

Mais il faut ajouter à ces six tombeaux une maquette de mausolée à Turenne qui est au musée de l'Armée, et dont on ne connaît pas l'histoire, mais qui porte le nom de Pigalle (1).

Le fond de ce modèle, qui est encadré d'une arcade en tiers-point, se compose d'une pyramide surmontée d'un aigle. Sur un piédestal très simple décoré de l'épitaphe et d'une branche d'olivier, Turenne est étendu, mourant. Au-dessus, à gauche, la Mort, avec une faux, descend au milieu des nuages. A droite du mourant, un homme vêtu à la contemporaine, le soutient et en même temps se précipite au-devant du squelette. Au soubassement, à gauche, est debout une femme casquée, qui étend son bras vers Turenne. Elle porte dans l'autre main une massue. L'espace de droite du soubassement est rempli par des drapeaux et des trophées.

On sait que Louis XV avait un moment formé le projet de faire édifier sous les voûtes de l'abbaye royale un grand monument qu'il voulait consacrer à la gloire de Turenne. En effet, des projets de glorification posthume, semblent avoir été fréquents à cette époque, comme, par exemple, celui en

---

1. Voir l'article de M. Gaston Brière intitulé : *Une maquette attribuée à Pigalle* (*Bulletin de la Société de l'histoire de l'art français*, 1910, 2ᵉ fascicule, p. 196).

l'honneur de Bayard par Pajou dont la bibliothèque de Grenoble conserve le dessin.

Puis, d'après Dargenville (1), Pigalle trouva mesquin le tombeau de Turenne par Marsy et Tuby à l'églisede Saint-Denis : « Si je traitais un pareil sujet, dit-il devant son ami l'abbé Gougenot qui l'accompagnait (à Saint-Denis), je représenterais le héros près de descendre dans le tombeau ouvert sous ses pieds. La France le retiendrait pour l'en empêcher. Sa valeur serait désignée dans la figure d'Hercule. »

Malheureusement, Dargenville ne donne pas la date de cette anecdote et on ne sait pas même si elle est antérieure ou postérieure aux projets de 1753 pour le tombeau du maréchal, que les mots attribués à Pigalle décrivent assez exactement. Mais si elle ne prouve pas que le modèle du musée de l'Armée soit de Pigalle, elle montre du moins que le sculpteur était tout à fait épris de cette conception qui lui est bien propre, que nous avons vue dans les tombeaux de Strasbourg et de Baden-Baden.

Résumé. — Avec Pigalle, se termine la liste des sculpteurs de tombeaux qui ont travaillé pendant la grande époque de 1720 à 1760. Et c'est avec l'œuvre de ce sculpteur que finit la série de mausolées dramatiques que nous avons étudiée. Vers 1760, on voit apparaître une nouvelle conception ou plutôt un changement de goût dans la sculpture

---

1. *Vie des fameux sculpteurs*, p. 396.

funéraire. Même les tombeaux qui ont été faits plus tard d'après l'ancien principe, prennent presque toujours une tournure sentimentale, qui est un peu spéciale à la seconde moitié du siècle. On y rencontre une sorte d'emphase quand il s'agit de l'amour conjugal, comme on en trouve dans les dessins de Diderot pour le mausolée du Dauphin et de la Dauphine à Sens. Le tombeau même du comte d'Harcourt par Pigalle témoigne de cette tendance.

Nous avons suivi l'histoire de cette sculpture funéraire dès le xviiᵉ siècle jusqu'à 1760, et nous avons essayé d'établir par une étude de l'œuvre funéraire des principaux sculpteurs, que le principe dirigeant de ce genre si dédaigné et ignoré aujourd'hui a été une conception bien logique et nette, qui est apparue pour la première fois dans quelques tombeaux isolés de la première moitié du xviiᵉ siècle, dans les dessins de Le Brun en France et dans l'œuvre funéraire du Bernin en Italie. Mais, tandis que les successeurs du Bernin, tout en faisant quelques chapelles funéraires remarquables, ne restaient que des imitateurs du maître, les sculpteurs français, bien qu'ils suivissent les idées du premier peintre, les développaient dans la série de chefs-d'œuvre, qui s'étend du tombeau du duc de Bouillon par Le Gros jusqu'à celui du maréchal de Saxe par Pigalle.

Que l'art chrétien n'ait produit en somme que deux conceptions dans le genre tombeau : le mausolée du moyen âge et la conception dramatique que nous venons d'étudier, personne n'en saurait douter.

Chacune a ses beautés et chacune est parfaitement de son temps.

On peut, si l'on veut, critiquer le goût des allégories employées pour les tombeaux du XVIIIe siècle. Cela se réduit à une question de goût personnel, mais n'enlève rien à la valeur absolue des conceptions.

CHAPITRE III

LE RETOUR A L'ANTIQUITÉ (1760-1790)

C'est vers 1760 qu'on peut dater le commencement du retour à l'antiquité (1) qui caractérise l'art
de Louis XVI. Quel fut l'effet sur la sculpture funéraire de ce changement de goût qui a son origine
dans les fouilles d'Herculanum et de Pompéi et qui
se manifeste d'une façon générale dans les confé-
rences de Falconet (2) devant l'Académie, les théories
de Caylus (3) et certains essais archéologiques (4) ?
En premier lieu, sous l'influence de l'idéal gréco-
roman, on abandonne peu à peu l'action et le mou-

---

1. Voir *Hubert Robert et son temps*, par C. Gabillot. Paris, 1892,
in-4°. — *La Fin du classicisme et le retour à l'antiquité dans la
seconde moitié du* xviii° *siècle*, par L. Bertrand. Paris, 1897, in-8° —
L'Art français sous la Révolution et l'Empire, par F. Benoit, 1897.
Paris, in-4°.

2. *Réflexions sur la sculpture lues à l'Académie royale de peinture et de sculpture le 7 juin 1760*, par Étienne Falconet. Paris,
1761.

3. Voir *Les Vies d'artistes du* xviii° *siècle et discours sur la peinture et la sculpture*, etc., par le comte de Caylus, édités par
André Fontaine. Paris, 1910.

4. Surtout quelques dessins aux concours de l'Académie pour
des tombeaux aux coupoles, par Le Sueur et d'autres, voir plus
loin.

vement dans la conception dramatique ; le style devient froid et calme. Les draperies flottantes sont surtout condamnées. D'après Falconet(1) : « La sculpture est l'ennemie de ces draperies dont toute la richesse est dans les ornements superflus d'un bizarre arrangement de plis. Enfin, elle est ennemie des contrastes trop recherchés dans la composition ainsi que dans la distribution affectée des ombres et des lumières..., c'est par la simplicité de ces moyens que les chefs-d'œuvre de la Grèce ont été créés comme pour servir éternellement de modèles aux artistes. » Puis, on abandonne aussi la conception dramatique du tombeau elle-même. Les grandes compositions deviennent rares et quand on les emploie, elles sont amaigries et pauvres comme, par exemple, celle du tombeau de Stanislas, roi de Pologne, par Vassé. Avec la grande composition monumentale, disparut aussi la grande statue du défunt qui est remplacée, excepté dans les tombeaux des types médaillon et buste, par une urne. On trouve cette particularité dans le mausolée du Dauphin et de la Dauphine par Guillaume II Coustou qui est l'œuvre funéraire la plus considérable et, en même temps, la dernière entreprise par la monarchie française pendant ces années. Comme nous le verrons, la sculpture funéraire de 1760 à 1790 traverse une phase où elle se montre plus composite que réellement originale. Elle n'est que l'affaiblissement du style et de la conception de l'époque

---

1. Falconet, *op. cit.*

précédente avec certains éléments empruntés à l'art gréco-romain qui sont combinés avec un singulier manque d'originalité et de pensée. Néanmoins comme les œuvres présentent des caractéristiques générales, la sculpture funéraire offre alors une certaine unité qui la distingue de celle du xixe siècle et ainsi, elle entre vraiment dans sa dernière période proprement dite.

Quant aux tombeaux eux-mêmes, ils se divisent en deux classes : ceux qui se rattachent directement à la période précédente et ceux qui empruntent quelques éléments à l'art gréco-romain.

La cérémonie funéraire. — Le même changement de goût se manifeste aussi dans les cérémonies funèbres dont celle de Louis XV est l'exemple le plus considérable et le plus significatif. L'architecture en devient classique et sévère, tandis qu'on diminue le nombre des lumières autrefois employées dans le décor de la nef, du chœur et du catafalque. D'autre part, les groupes allégoriques restent les mêmes. Cette tendance, dont le but est l'introduction des éléments qui font partie des funérailles gréco-romaines, est marquée surtout à l'époque de la Révolution comme dans la pompe funèbre, célébrée au Jardin national (août 1792 en l'honneur des morts du 10 août). Pendant l'époque qui va de 1760 à 1790, la carrière de dessinateur officiel la plus considérable fut celle de Michel-Ange Challe (1) qui rem-

---

1. Voir *Michel-Ange Challe, dessinateur du cabinet du roi*, par Henry de Chennevières (*Gaz. des Beaux Arts*, mai 1882, p. 505 et suiv.).

plaça en 1764 Michel-Ange Slodtz comme dessinateur du cabinet du roi.

En 1766, il exécuta les cérémonies funèbres de Stanislas de Pologne (1), du duc de Parme (2) et du Dauphin (3). Dans la dernière, le catafalque se composait d'un petit temple classique qui renfermait le sarcophage du défunt. Au sommet, il y avait un groupe allégorique (4) représentant la France qui implore le ciel en repoussant la Mort armée de sa faux. Aux coins, on voyait les quatre vertus. L'année suivante, Challe dessina la pompe de la Dauphine (5) où le catafalque, au lieu d'être un temple, devient une espèce de pyramide où l'on entre par une petite porte. Le sarcophage est placé au sommet, tandis que quatre colonnes, décorées à la façon de la colonne Trajane, prennent la place des vertus cardinales. La Mort qui volait autrefois au-dessus du baldaquin est remplacée par une guirlande de têtes de mort.

Dans les cérémonies funèbres de Marie Leckzinska

----

1. Gravure par Martinet. Célébrée à Notre-Dame de Paris le 12 juin 1766.

2. Gravure par Taraval. Le catafalque rappelle fort le temple de l'Amour à Versailles.

3. Gravure par Martinet (à Notre-Dame de Paris le 1er mars 1766).

4. Au-dessus du catafalque de la cérémonie funèbre de Stanislas de Pologne, qui eut lieu à l'église Saint-Roch, Nancy (inventé par Girardet et gravé par Collin), on voyait l'Immortalité à genoux qui montre la couronne de gloire à la figure demi-couchée du roi.

5. A Notre-Dame de Paris le 3 septembre 1767, gravure par Martinet.

(1768) (1) et du roi de Sardaigne, (2) (1773) Challe accentue les tendances nouvelles qui arrivent à leur plus forte expression dans les pompes célébrées à Saint-Denis (3) et à Notre-Dame (4) en l'honneur de Louis XV.

C'est surtout cette dernière qui mérite une étude particulière. A l'entrée de la cathédrale « un vaste portique (5) hexastyle, dont le solide était de marbre gris veiné de noir, présentait, sous une grande voussure, l'entrée d'un temple antique : cette voussure était ornée dans ses compartiments de roses antiques et était encadrée dans une archivolte. Elle formait le milieu d'un péristyle soutenu par des colonnes (dont la distribution était enstyle) ; ces colonnes étaient de granit rose, d'ordre corinthien leurs chapiteaux et leurs bases de marbre blanc ; elles portaient un entablement de gris veiné couronné d'un fronton dans le fond duquel étaient les armes de France en marbre de Paros sur des boucliers soutenus par des anges. »

» Un socle isolé, placé à l'extrémité de ce tympan présentait l'image de la Religion... Les deux pointes inférieures de ce même fronton portaient, sur un acrotaire, des urnes de bleu turquin, ornées de guirlandes de cyprès.

----

1. A Saint-Denis et à Notre-Dame, gravures par Martinet.
2. A Notre-Dame, gravée par Lempereur.
3. Gravée par Lempereur.
4. Gravée par Lempereur.
5. Voir *le Mercure de France*, 1ᵉʳ octobre 1774, p. 218.

» Sous ce portique, au-dessus de l'arcade qui formait la voussure, était un grand bas-relief de marbre de Paros qui la traversait dans toute son étendue : il représentait le roi dans un quadrige couronné par la Victoire, sortant du combat de Fontenoy. La Renommée devançait son char, que des vertus accompagnaient, représentées par la Justice, la Prudence, la Force et la Tempérance...

» Plusieurs lampes de bronze étaient suspendues à des chaînes d'or sous les plafonds des architraves de ce monument...

» L'arc, qui formait la voussure du portique, présentait l'entrée de la nef ou du camp de Douleur...

Au fond de ce sombre appareil, en face de la porte d'entrée, s'élevait une grande pyramide de porphyre rouge...

» Cette pyramide était posée sur un soubassement de granit gris de la haute Égypte. Au milieu de ce soubassement, une porte sans ornement, élargie par le bas, selon l'usage consacré aux monuments antiques, présentait l'entrée du chœur et du sanctuaire. Elle était couverte d'un fronton soutenu par des consoles cannelées, à la manière des Triglyphes... »

Au soubassement, il y avait des bas-reliefs représentant des sujets tirés de la Bible : Tobie donnant la sépulture au peuple de sa nation et les enfants de Jacob ensevelissant leur père dans la sépulture d'Abraham.

» Sur la corniche qui couronnait ce soubassement, des degrés élevaient un socle, sur lequel était placé l'Ange de la Mort, etc... »

Le cénotaphe se trouvait au milieu du chœur.

» Le plan de cet édifice, formé sur un parallélogramme, élevait sur six degrés de granit rouge, (le nombre fixé pour les catafalques de rois), une estrade sur laquelle était posé le cénotaphe... Il était représenté par une urne d'or, de forme antique, sur laquelle les Vertus Cardinales étaient appuyées, et répandaient des pleurs. Ces figures étaient en argent...

» Ce cénotaphe était au milieu d'un temple isolé, soutenu par un solide et des pilastres de porphyre vert, où étaient suspendus des trophées et des couronnes militaires...

» Sur les six degrés qui élevaient l'estrade, des flambeaux réunis présentaient, chacun sur leurs torches allumées, un double écusson des armes de France...

» Cet édifice qui renfermait le cénotaphe, formait le stilobate d'une colonne coclide de marbre de Paros, d'ordre dorique, rostrale et historique, telle que celles qui furent consacrées à la mémoire des vertueux empereurs, Trajan et Marc Aurèle...

» Un bandeau, tourné en spirale, en couvrait au dessus la surface et les cannelures, et présentait, en bas-relief, les traits les plus mémorables du règne glorieux de Louis XV...

» L'Éternité, figurée par un ange en bronze, tenant un cercle formé d'un serpent, était élevée sur un piédestal de porphire dessus le chapiteau de cette colonne. »

Quelle différence entre cette cérémonie et celle par exemple de la reine de Sardaigne en 1735 ! Plus de décor de théâtre éblouissant ! Mais au lieu de l'or et de l'argent, on employa le marbre de Paros et le marbre gris « veiné de noir », le granit rose et gris « de la Haute-Égypte », (c'est déjà l'influence égyptienne), et les créations éclatantes de l'architecture rococo sont remplacées par un vaste portique représentant l'entrée d'un temple antique avec des portes « selon l'usage consacré aux monuments antiques » et une colonne d'après celles de « Trajan et Marc Aurèle ».

Liste des sculpteurs. — Les sculpteurs de tombeaux, qui travaillaient pendant ces années de 1760 à 1790, forment une liste très mélangée. Il y a d'abord Pigalle (1714-1785), grand apôtre du tombeau dramatique, qui continue son œuvre dans le fameux mausolée du comte d'Harcourt. Puis, suivent des artistes plus ou moins importants :

Louis-Claude Vassé, 1716-1772 ;
Guillaume II Coustou, 1716-1777 ;
Jean-Fr. Saly, 1717-1776 ;
Simon Challes (un dessin au Salon de 1759), 1719-1765 ;
Pierre Merard, ?- 1799 ;
Jean-Jacques Caffiéri, 1725-1792 ;
Pancrace, 1726-1796 ;

Jean-Baptiste Feuillet (admis à l'Académie de Saint-Luc, 1760), 1806 ;

Charles-Antoine Bridan, 1730-1805 ;

J.-B. d'Huez, 1730-1793 ;

Augustin Pajou, 1730 (?) 1809 ;

Étienne-Pierre-Adrien Gois, 1731-1823 ;

Pierre Julien, 1731-1804 ;

Pierre Fr. Berruer, 1733-1797 ;

M.-C. Monot, 1733-1803 ;

Poncet de Lyon, vers 1735, vit encore en 1788 ;

Étienne d'Antoine, 1737-1809 ;

Claude Michel (Clodion), 1738-1814 ;

Ignace Broche (élève à l'École académique de 1757-1761, mort en floréal an III) ;

Barthélemy Blaise, 1738 (?) 1819 ;

Houdon, 1741-1828 ;

Claude Michallon, 1751-1799 ;

Jacques-Philippe Le Sueur, 1759-1830 (1).

Pigalle. — Pigalle exécuta vers 1767 le mausolée de son ami l'abbé Gougenot (2) qu'il décora du buste en bronze du défunt et d'un médaillon en marbre repré-

-----

1. Je ne fais pas entrer dans cette liste Pierre-Nicolas Beauvalet (1750-1818) et Pierre Petitot (1751-1840), parce que leur œuvre date de l'époque de la Révolution et des années suivantes. Celui-là exposa son projet d'un monument funéraire à Mirbeau au Salon de 1791, tandis que c'est au Salon de 1800 que Petitot envoya le tombeau « sur lequel une mère pleure son fils et où l'amour filial est caractérisé par sa fille à ses genoux ».

2. Autrefois dans l'église du couvent des Cordeliers à Paris. Le buste a disparu, mais le médaillon se trouve actuellement au musée du Louvre.

sentant M. et Mme Gougenot, le père et la mère de
l'abbé. L'œuvre, qui était une épitaphe ornée de sculpture plutôt qu'un tombeau proprement dit, n'offre
naturellement aucun intérêt pour la sculpture monumentale.

Le tombeau du financier Jean Paris Montmartel (1)
semble avoir été plus ambitieux. D'après Dézallier
Dargenville (2), il devait « se composer d'un enfant
en pleurs et de la statue de la Vertu répandant
des pleurs sur deux urnes funèbres : au sommet
du mausolée, était une sphère surmontée d'une
croix et peut-être d'autres emblèmes des arts et des
sciences ». L'introduction des urnes qui est tout à fait
dans les tendances nouvelles, est une exception dans
l'œuvre funéraire de Pigalle.

Dans le grand mausolée du comte d'Harcourt à
Notre-Dame, qui fut commandé en 1774 (3), il continue la grandiose tradition du xviiie siècle. Le comte,
représenté sous les traits d'un vieillard, sort à demi
d'un sarcophage à l'antique dont le couvercle funéraire est retenu à gauche par le génie de l'Hymen. A
droite, se dresse la Mort enveloppée d'une draperie
flottante ; de la main gauche, elle porte le bâton et de

---

1. Autrefois à l'église de Brunoy. Le tombeau de la famille de
Gontaut-Biron, par J.-Pierre Pigalle, qui était placé dans l'église
des Minimes, fut détruit en 1793 (voir *Dict. sculpt. fr.*, t. IV ,
p. 256).

2. *Vie des fameux sculpteurs*. Paris, 1789. t. II, p. 407.

3. Payé 60.000 livres. Archives nationales, 455, Y n° 95. Tarbé
donne la date de 1764 (p. 174) qui serait impossible, car le projet de
Berruer fut exposé au Salon de 1771.

la main droite, le sablier. Sur les marches du soubassement, s'agenouille la duchesse en pleurs, les mains
jointes et vêtue d'une longue robe de deuil. Une pyramide (la seule partie du monument qui a disparu) de
marbre noir, tronquée par le haut, en formait le
fond.

D'après la tradition (1), Pigalle a représenté en
action un rêve de la duchesse. Cette tradition est
affermie par le fait que le projet de Berruer, qui fut
exposé au salon de 1771, représente le même sujet :
« Le projet de mausolée de feu M. le comte d'Harcourt, par M. Berruer, a été conçu avec chaleur et
sera vu avec intérêt parce qu'on en trouve toujours à
considérer une tendre épouse qui se jette au-devant
de la mort pour sauver à son époux le coup qui
va lui être porté (2). »

Puis, d'après Dezallier (3), « la comtesse voulut
qu'il rendit de la manière la plus hideuse un sujet
déjà triste par lui-même. Pigalle fit plusieurs modèles

----

1. Voir *Arch. mus. mon. fr.*, t. III, p. 193 (année 1816, n° 337) :
« Pigalle a composé ce monument sur le récit d'une vision qu'eut
Mᵐᵉ d'Harcourt pendant la nuit qui suivit la mort de son mari. »
Voir aussi Tarbé, *op. cit.*, p. 174.

2. Voir *Mercure de France*, octobre 1771, 1ᵉʳ vol. Voir aussi
Diderot (éd. Assezat, t. XI, p. 533) : « Il y a de l'invention, de la
noblesse et du goût dans cette composition. Je conviens que
l'action de la mort n'est pas une idée neuve ici ; mais la mort n'a
malheureusement qu'un seul but et elle y atteint toujours. » Il
n'exprime pas la même admiration pour l'œuvre de Pigalle : « Il
est du galimatias en peinture aussi qu'en poésie. Voyez le tombeau du maréchal d'Harcourt à Notre-Dame », t. XII, p. 124.

3. *Vies*, etc., t. II, p. 401.

qui ne la satisfirent point : à la fin, elle se décida pour celui qu'il a suivi et qu'elle trouvait encore trop gai, quoique effrayant et repoussant. »

En tout cas, l'œuvre, bien qu'elle continue la tradition dramatique du xviiiᵉ siècle, chère à Pigalle, montre quelque chose de la tendance nouvelle dans l'introduction de l'épouse et de la statue de l'Hymen. Au lieu de la gloire militaire, ce sont maintenant les vertus conjugales qui sont à la mode, grâce en partie à Diderot qui joue un grand rôle dans l'histoire du tombeau du Dauphin dès 1766. En effet, l'Hymen rappelle fort par son attitude et par son type l'amour conjugal de l'œuvre de Coustou. D'autre part, le tombeau de Pigalle reste fidèle à la grande tradition du passé et conserve la statue du défunt tandis que, chez Coustou, ou plutôt chez Cochin et Diderot, on élimine toute représentation du mort.

Louis-Claude Vassé (1716-1772). — L'œuvre funéraire de Louis-Claude Vassé est tout à fait dans le sens de la réaction. On peut le considérer comme le sculpteur par excellence, du tombeau dans les motifs duquel entrent l'urne et la femme pleurante : car cinq des huit œuvres exécutées par lui, sont de ce type. Il débuta au salon de 1748 avec un modèle en plâtre d'un tombeau qui représenta « une femme pleurant sur une urne qu'elle couvre de sa draperie ». Il exposa au salon de 1759 un autre modèle qui représente « la Reconnaissance, qui, après avoir inscrit l'épitaphe d'un ami, attache son médaillon à un cype : à ses pieds est la cigogne, symbole de cette vertu ».

Le tombeau de la princesse de Galitzin, exposé au Salon de 1763, n'était qu'une répétition du modèle de celui de 1748.

Il avait orné d'un vase, d'un médaillon et de divers motifs de bronze, le tombeau (1) du comte de Caylus, mort en 1765, qui se trouvait autrefois à Saint-Germain-l'Auxerrois. La place donnée dans l'ensemble du bas-relief de la Douleur (2), ou d'une femme pleurant, que Vassé exécuta pour le tombeau, est un peu déconcertante. D'après *les Archives du Musée des mon. fr.* (3), « il avait seulement été projeté pour faire l'ornement du mausolée du comte de Caylus : mais ce savant, étant à l'article de la mort, demanda qu'on employât pour son tombeau la belle urne ou plutôt le beau sarcophage en porphyre qu'il avait apporté de Rome. » Il est probable qu'il faisait partie d'un premier projet qui ne plaisait pas à Caylus. En tout cas, le bas-relief n'est qu'un exemple de plus du type de tombeau que Vassé aimait tant.

Il exécuta, entre 1769 et 1771, le médaillon commémoratif de François Chevert, qui se trouve à Saint-Eustache (4). Le soldat est représenté à mi-corps,

---

1. Voir *Les Procès-verbaux de l'Académie royale de peinture et de sculpture*, t. VII, p. 325-332.

2. Actuellement au musée du Louvre, sculpture, n° 837.

3. T. III, n° 376, p. 197 (année 1816). Voir aussi, *Le Musée Impérial des mon. fr.*, par Lenoir. Paris, 1810, p. 272, n° 376.

4. Voir *Dict. sculp. fr.*, t. IV, p. 124 et 378. — *Invent. rich. art. fr.* Paris, mon. Rel., vol. III, p. 365.

presque de face. Il est coiffé d'une perruque et couvert
d'une cuirasse que traverse le cordon de Saint-Louis.
A cause du costume contemporain, l'œuvre a un
certain caractère de vérité.

Le mausolée de M. de Brou, garde des sceaux, qui
se trouvait autrefois à l'église de Saint-Merri, se composait « d'un petit tombeau où l'on voit une femme
pleurant, appuyée sur un cube qui sert de base à
une urne cinéraire... Son médaillon (du défunt) est
au bas du monument sur une table de marbre (1). »

Le tombeau du cœur de Marie Leckzinska fut
exécuté en 1771, d'après le livret (2) du salon de
cette année. Cette œuvre tout à fait jolie se compose
d'une épitaphe qui porte le médaillon de la reine, et
de deux petits génies, dont l'un regarde le cœur
royal qu'il tient dans la main et l'autre en pleurs
s'appuie sur ce médaillon à demi-couvert d'un grand
voile.

Le projet pour le tombeau de Stanislas, roi de
Pologne (3), exécuté par Vassé, fut exposé au salon de
1771. Pajou avait aussi exposé une esquisse en 1769 ;
d'après le livret, « le monarque sur le bord du
tombeau est soutenu et couronné par l'Immortalité.
Près d'expirer, il montre de la main gauche le Génie
de la France à la Lorraine désolée. Au-dessus du
tombeau une sphère, des rouleaux, des livres et des

---

1. N° 232 du livret de 1771, p. 41-42.
2. N° 233. Actuellement à l'église de Bonsecours, Nancy.
3. A l'église de Bonsecours, Nancy. L'œuvre fut terminée en
1774, après la mort du sculpteur, par son élève Félix Leconte.

plans figurent les établissements que le prince a fait, etc.» Cette composition, trop dramatique, ne plaisait pas au goût du temps. Puis peut-être ne voulait-on plus de l'idée déjà très usée de la femme soutenant le mourant. En tout cas, l'œuvre de Vassé montre un changement de goût. Contre une pyramide qui sert de fond, le roi est demi-couché sur un sarcophage ; sur le soubassement, aux pieds du roi, la Lorraine le regarde. A sa tête, la Charité se pâme sur le sépulcre. De chaque côté du tombeau, se trouve un vase d'où sort de la vapeur ; ces deux vases sont tout à fait semblables à ceux du tombeau de Catherine Opalinska. Ici, plus de compositions dramatiques et mouvementées. Sauf le regard jeté par la Lorraine sur son roi, les deux femmes n'ont aucune relation avec lui. Les efforts d'un siècle de sculpteurs et de dessinateurs vers l'unité entre la femme allégorique et le défunt, sont anéantis d'un coup.

La statue de Stanislas est tout à fait calme ; tout le drame se réfugie dans la Lorraine et la Charité. Le geste de cette dernière est, d'ailleurs, fort exagéré. La composition mérite bien la critique de Diderot : « Maigre, trois figures formant un triangle de mauvais effet (1). » Avec le refroidissement du style et l'abandon de la conception dramatique, les sculpteurs ont perdu l'habileté nécessaire pour concevoir un grand ensemble.

---

1. Ed. Assézat, vol. II, p. 533 (salon de 1771).

Cette faiblesse de dessin de la part des sculpteurs
se manifeste surtout à propos de l'œuvre funéraire
la plus considérable du temps ; le tombeau (1) du
Dauphin et de la Dauphine exécuté par Guillaume II
Coustou, d'après les dessins de Cochin. Ni les artistes,
ni Cochin lui-même, ne se sentaient capables de
concevoir l'œuvre et on demanda des projets à
Diderot qui va introduire dans la sculpture même, la
sentimentalité! Rien de plus curieux et de plus significatif que ces dessins de Diderot : les trois premiers,
aussi bien que le quatrième qui inspira Cochin dans
le tombeau actuel.

Diderot (2) faisait remarquer que la vie privée était
la seule chose admirable dans toute l'existence du
Dauphin.

C'est ce thème qui plaît à la sentimentalité de
l'époque et du dessinateur qui sera suivie. Dans la
lettre à Mlle Volland du 3 février (1766) (3) il fait
mention des projets : « Les artistes m'ont chargé du
projet du tombeau que le roi a ordonné pour le Dauphin... (Le premier dessin est digne de Greuze.) J'é-
lève une couche funèbre. Sur cette couche funè-

1. Actuellement à la chapelle de la Sainte-Colombe de la
Cathédrale de Sens. Commandé à Coustou le 26 novembre 1766
(Arch. nat, O¹, 1905⁴). Le modèle fut exposé au Salon de 1769 et
le tombeau fut érigé en 1777. — Voir « *Le Mausolée de feu Mgr
le Dauphin et de feue Madame la Dauphine, ordonné par le roi
Louis XV et érigé par le roi Louis XVI dans la cathédrale de
Sens* ». — La description pittoresque, par M. Dandré Bardon,
lue en l'assemblée de l'Académie, le 2 août 1777 (*le Mercure de
France*, 1769, juillet, t. I).
2. Dans les critiques, sur *L'Éloge du Dauphin*, *par Thomas*,
1766. Ed. Assézat, t. VI, p. 347-350.
3. Ed. Assézat, t. XIX, p. 219 et suiv.

bre, je suppose deux oreillers. L'un de ces oreillers reste vacant. La tête de l'époux repose sur l'autre... Les anciens s'en seraient tenus à cette seule et unique figure sur laquelle ils auraient épuisé tout leur savoir. Mais les modernes veulent être riches : ils ne sentent pas que la richesse est la mort du sublime. Pour me plier à leur mauvais goût, j'enrichis donc... Je place au chevet du lit, la Religion. Elle a un bras appuyé sur sa large croix. La main de ce bras montre le ciel de l'index. L'épouse est à côté d'elle, un bras appuyé sur la cuisse de la Religion en disant de l'autre : Voyez, il me fait place, il m'appelle. L'Amour conjugal, placé de l'autre côté, l'invite à se reposer auprès de son époux. Mais la Religion interpose sa main et lui dit : J'approuve votre bonheur, mais il faut attendre l'ordre d'en haut. Cependant la France, assise aux pieds de la couche, et le dos tourné à la scène, médite sur la perte qu'elle vient de faire. Elle tient le plus petit des enfants caché dans son giron. L'un des deux autres a la main posée sur l'épaule de son père... L'aîné, debout, attache ses regards sur la Religion...

» Ce premier monument montre le moment du sommeil. J'ai voulu montrer, dans le second, celui du réveil, le moment du triomphe de la vertu à la venue du grand jour. Je place au pied de la couche funèbre un grand ange qui sonne le réveil des morts. L'épouse et l'époux se sont réveillés... Ils se sont relevés de dessus leurs oreillers. Ils sont assis au chevet du lit funéraire : du côté de l'épouse, c'est l'Amour conjugal qui rallume ses flambeaux...; du côté de l'époux, c'est la Religion, une main posée sur l'épaule de l'Amour conjugal, son visage tourné et son second bras étendu vers une autre figure assise de son côté sur les bords de sa couche. Cette autre figure, c'est la Justice éternelle, les reins ceints du serpent qui se mord la queue...

» Voici le troisième monument que je propose. Imaginez un caveau. Une figure effrayante s'élève de ce caveau; en s'élevant, elle soulève de l'épaule la pierre qui le couvre. Cette figure, c'est la Maladie : c'est celle dont le Dauphin est mort. Elle appelle; elle fait le signe impérieux de descendre. Le Dauphin, debout sur le bord du caveau entr'ouvert, ne la regarde ni ne l'écoute ; il est tranquille ; il a le visage tourné vers son épouse ; il la console en lui montrant ses enfants. La Dauphine a un de ses bras entrelacés avec celui de son époux. Elle se couvre les yeux de son autre main ; elle semble craindre de laisser tomber ses regards sur des objets qui peuvent l'attacher à la vie. Les enfants lui sont présentés par la Sagesse. Elle en a deux devant elle : ce sont les plus jeunes. L'aîné est par derrière, ses deux bras appuyés sur l'épaule de la Sagesse, et la tête penchée sur ses deux bras. Tout près de cet enfant, on voit la France prosternée vers les autels, et implorant le secours du ciel. »

Mais ces trois sujets, exemples de la conception dramatique inspirée par la sentimentalité nouvelle, ne satisfaisaient guère Cochin. Il voulait quelque

chose de plus abstrait encore, d'où toute réalité
fut bannie. Et dans la lettre du 20 février à Mlle Volland, (1) Diderot continue : « Au reste, Cochin m'écrit
de ces trois projets, que je lui ai envoyé trois enfants
bien forts, bien beaux, bien vigoureux, mais bien diffi-
ciles à emmailloter... Il craint que le mauvais goût,
aidé de la flatterie, ne demande que ces figures soient
ressemblantes... Pour éviter cet écueil des ressemblances, Cochin a demandé qu'en conservant toujours la condition donnée de la réunion future des
deux époux, je lui imagine un quatrième où il n'y
eût que des figures symboliques. Je l'ai fait, et le voici:

« Élevez un mausolée. Placez-y deux urnes, l'une
fermée et l'autre ouverte. Asseyez entre les deux
urnes la Justice éternelle qui pose d'une main la
couronne et la palme éternelles sur l'urne fermée, et
qui tient sur son genou, de l'autre main, la couronne
et la palme éternelles dont elle couvrira un jour
l'urne ouverte. Voilà ce que les anciens auraient
appelé un monument.

» Imaginez près de ce monument la Religion debout,
foulant aux pieds la Mort et le Temps. La Mort, enveloppée de ses longs draps et la face tournée contre
terre ; le Temps, dans une attitude contraire, courroucé d'un monument élevé de nos jours à la
tendresse conjugale, et le frappant de sa faux qui se
met en pièces.

» La Religion montre les urnes à la Tendresse
conjugale, et lui dit : là repose sa cendre ; là doit un

_____

1. Éd. Assézat, t. XIX, p. 224.

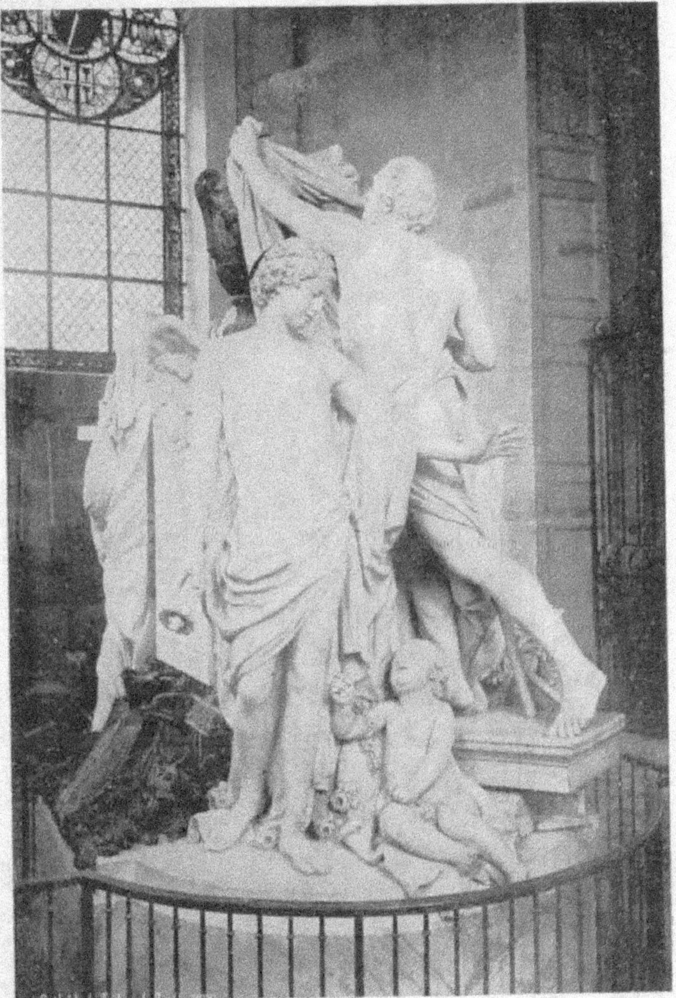

Tombeau du Dauphin et de la Dauphine

par Guillaume COUSTOU II

Cathédrale de Sens

PLANCHE XII

jour reposer la votre, et les mêmes honneurs qu'il a reçus vous sont destinés.

» La Tendresse conjugale, désolée, a le visage caché dans le sein de la Religion : elle a laissé tomber à ses pieds les deux flambeaux, dont l'un est éteint et l'autre brûle encore. Un bel et grand enfant tout nu, symbole de la famille, s'est saisi d'un de ses bras sur lequel il a la bouche collée.

» Voilà celui qui plaît le plus à Cochin. L'idée des urnes lui paraît noble et ingénieuse ; cette Mort foulée aux pieds par la Religion, et ce Temps courroucé contre le monument, deux figures parlantes : et ce grand et bel enfant tout nu forme, avec les deux autres figures, un groupe vraiment intéressant. Vous vous doutez bien que la faux brisée lui a tourné la tête. »

Voici maintenant le projet de Cochin, d'après le modèle du tombeau exposé au Salon de 1769 :

« Ce tombeau destiné à réunir deux époux qu'une égale tendresse avait unis pendant leur vie, présente un piédestal carré, sur lequel sont placées deux urnes liées ensemble d'une guirlande de la fleur qu'on nomme immortelle.

» Du côté qui fait face à l'autel, l'Immortalité, debout, est occupée à former un faisceau ou trophée des attributs symboliques des vertus morales de feu Mgr le Dauphin : la balance de la Justice ; le sceptre surmonté de l'ouïe de la Vigilance ; le miroir, entouré d'un serpent de la Prudence ; le lys de la Pureté, etc. A ses pieds, est le génie des Sciences et des Arts, dont le prince faisait ses amusements. A côté, la Religion, aussi debout, et caractérisée par la croix qu'elle tient, pose sur les urnes une couronne d'étoiles, symbole des récompenses célestes destinées aux vertus chrétiennes, dont ces augustes époux ont été le plus parfait modèle.

» Du côté qui fait face à la nef, le Temps, caractérisé par ses attributs, étend le voile funéraire déjà posé sur l'urne de Mgr le Dauphin, mort le premier, jusque sur celle qui est supposée renfermer les cendres de Mme la Dauphine. A côté, l'Amour conjugal, son flambeau éteint, regarde avec douleur un enfant qui brise les chaînons d'une chaîne entourée de fleurs, symbole de l'Hymen.

» Les faces latérales, ornées des cartels des Armes du prince et de la princesse, sont consacrées aux inscriptions qui doivent conserver à la postérité la mémoire de leurs vertus (1). »

Du projet de Diderot, Cochin retient l'idée centrale des deux urnes et des figures allégoriques du Temps, de la Religion et de la Tendresse conjugale. Mais bien que chez Diderot, il y ait un seul groupe assez vague et compliqué de la Mort, du Temps, de la Religion, de la Tendresse conjugale et d'un bel et grand enfant, symbole de la famille, Cochin fait deux groupes. Il a ajouté aussi les deux enfants. L'idée des urnes et la tournure sentimentale de l'œuvre appartiennent à Diderot, mais la composi-

1. Livret du Salon de 1769.

tion nette et harmonieuse est due à Cochin. Les efforts vers l'unité des sculpteurs du XVIIIᵉ siècle ne sont pas alors entièrement perdus, car les statues allégoriques peuvent se rattacher aux urnes par un intérêt commun. Mais avec l'introduction des urnes disparut toute représentation du défunt « cet écueil des ressemblances demandé par le mauvais goût » et l'élégance des figures et de l'ensemble ne cache pas la sentimentalité maladive de ce dernier mansolée érigé par la monarchie française.

Après Coustou, vient une longue liste de sculpteurs médiocres, interrompue seulement par les noms de Pajou, Clodion et Houdon.

Jean-François Saly (1717-1776), qui appartient par la date de sa naissance à la seconde moitié du siècle, ne fit que trois tombeaux dont les projets furent exposés au Salon de 1750 (1). Un autre sculpteur, Simon Challes (1719-1765), né deux ans plus tard que Saly, n'exposa qu'un dessin de tombeau pour l'église de Saint-Roch (salon de 1759).

Pierre Mérard (?-1799) (2), élève de Bouchardon, érigea entre 1777 et 1779 à l'église de l'Isle-Adam (Seine-et-Oise), le tombeau de Louis-François de Bourbon, prince de Conti. Ce monument, d'une composition assez populaire, comprenait une pyramide de marbre bleu turquin placée sur un socle suppor-

---

1. Ceux du comte de la Marche, autrefois à Saint-Roch, de M. de Valory pour l'église du Quesnoy (Nord), et de Pinceau de Lucé à l'église de Tours. Voir *Dict. sculp. fr.*, t. IV. p. 323.

2. Voir *Dict. sculpt. fr.*, t. IV, p. 129.

tant un génie en bronze qui éteignait une torche de la main droite et s'appuyait de la main gauche sur le médaillon en marbre du défunt. Le génie et les ornements ont disparu sous la Révolution ; et au commencement du XIX° siècle, on a remplacé la figure du génie par une statue en plâtre par Moitte, représentant une femme en pleurs qui s'agenouille devant l'urne.

L'œuvre funéraire de Jean-Jacques Caffiéri (1725-1792) est plus considérable. En 1767, il expose au salon un modèle en terre cuite. D'après Diderot (1) « on voit à gauche une cassolette où brûlent des parfums. La vapeur odoriférante se répand sur un cube qui soutient une urne ; il s'élève de derrière le cube quelques branches de cyprès recourbées sur l'urne. A droite, éplorée, étendue à terre, un bras appuyé sur le dais, la tête posée sur son bras, l'autre bras tombant mollement sur une de ses cuisses, la figure de l'Amitié. » Au salon de 1773, il exposa un autre modèle de trois pieds de haut représentant l'Amitié pleurant son amie, pendant qu'une Muse couronne le médaillon fixé à une colonne funéraire.

Ces deux modèles de tombeaux de pleurante en Amitié sont suivis par celui du général de Montgomery (2) tué devant Québec qui fut exposé au

1. Ed. Assézat, vol. II, p. 357. Peut-être la maquette acquise par le musée du Louvre en 1908.

2. Commandé par les États-Unis pour être placé dans la grande salle des états généraux de Philadelphie. Gravure par Augustin de Saint-Aubin. 10 pieds de haut × 5 pieds de large, en marbre.

salon de 1777. « Sur un rétable soutenu par deux consoles, s'élève une colonne tronquée sur laquelle est posée une urne cinéraire. D'un côté de la colonne, est un trophée militaire accompagné d'une branche de cyprès ; de l'autre, sont les attributs de la Liberté groupés avec une branche de palmier. Derrière la colonne, s'élève une pyramide. Sous ce rétable, entre les deux consoles, est un cartel et une table de marbre blanc pour l'inscription (1). »

Pancrace. — J. Pancrace (1726-1793) exécuta en 1757, le monument funéraire du marquis de Gueidon (2), qui se composait de la statue tombale du défunt sur un piédestal décoré de l'inscription et de deux bas-reliefs. Les sujets de ces bas-reliefs méritent d'être signalés, car ils représentent des épisodes de la septième croisade où figure Guillaume III, baron de Gueidon : Damiette prise d'assaut par Saint-Louis et la bataille de Mansourah. Ce sont des exemples presque uniques, dans l'art de l'époque, de sujets tirés du moyen âge.

Feuillet. — Le mausolée de François Feu (3), mort en 1761, qui fut érigé par J.-B. Feuillet à l'église Saint-Gervais, l'année suivante ne se composait que d'un buste dans un cadre d'architecture.

---

1. Livret du Salon de 1777, n° 219.

2. Autrefois à Beillaure (Basses-Alpes). Les fragments se trouvent actuellement au musée d'Aix, n°ˢ 649-653.

3. Le buste fut dessiné par Pranger et gravé par Audran en 1762.

Charles-Antoine Bridan (1730-1805) expose au salon de 1775 le projet du tombeau du philosophe Boyer, marquis d'Argens, mort en 1771. Cette œuvre (1), qui se trouve aujourd'hui au musée d'Aix (n° 639), fut élevée par Frédéric le Grand de Prusse. Elle se composait d'un génie ailé et drapé surmontant un piédestal et s'appuyant sur un médaillon à droite représentant le profil du philosophe. Le cippe rond qui supporte le médaillon, portait une longue inscription en latin. Par derrière, se trouvait une grande pyramide.

On ne sait rien du tombeau du marquis de Courtenvaux (2), exécuté par le même sculpteur.

D'Huez, (1730-1793), érigea en 1766, à l'église Saint-Roch, le monument funéraire de Maupertuis, le grand mathématicien, qui avait entrepris un voyage dans les régions arctiques pour justifier ses théories sur la configuration de la terre. A droite de l'inscription, un ange pleureur regarde le médaillon du savant. A gauche, est un petit génie. La pyramide couronnée d'un vase qui servait de fond (3), est disparue. Comme composition, l'œuvre ne vaut pas grand chose. La base est beaucoup trop mince en proportion de la hauteur. Puis, sauf quelques instruments près du petit génie, il n'y a rien pour marquer

---

1. Payé 5.000 livres à Paris, 1780.

2. Voir *Notice biographique sur Ch. Antoine Bridan, statuaire*, par Ch.-Fr. Viel. Paris, 1801. p. 14.

3. Voir 1° la gravure du monument par Lenoir et Guyot, 2° *Arch. mus. mon. fr.*, t. III, p. 263.

ou la profession ou le caractère du défunt. Les efforts des sculpteurs funéraires précédents vers la grande composition pyramidale et le choix d'un sujet ou des attributs en accord avec le caractère (vrai ou supposé), ou les goûts du défunt sont complètement perdus.

Pajou, 1730-1809. — Des huit tombeaux ou projets de tombeaux exécutés par Pajou, il ne reste presque rien. Le tombeau du général russe, Betski (1) qui fut exposé au Salon de 1767, se trouve probablement à Saint-Pétersbourg. Mais où? J'ai cherché vainement des renseignements à son sujet. Nous avons déjà étudié, à propos de l'œuvre de Vassé, l'esquisse du salon de 1769 pour le mausolée de Stanislas de Pologne. On n'y voit que la répétition d'idées, alors très usées. La vente Drouard de 1779 fait mention d'un projet de (2) tombeau en terre cuite par Pajou, pour le marquis de Mary. Mais on n'en connaît point la composition. Il en est de même du tombeau de Marie-Gabriel le Subtil de Boisemont (3), exécuté en 1782, qui se trouvait autrefois à l'église de Saint-Gervais. D'après Stanislas Lami, le médaillon de la défunte est actuellement aux magasins du Louvre. Pajou avait également représenté le défunt en médaillon dans le tombeau de Jacques Vau-

---

1. Voir Dussieux, *Les Artistes français à l'étranger.* Paris 1876, in-8°, p. 558.

2. Voir *Dict. sculpt. fr.*, t. IV, p. 216.

3. Voir *Dict. sculpt. fr.*, t. IV, p. 217.

canson (1), qu'il érigea vers 1786 dans l'église de Sainte-Marguerite. Nous ne savons pas si le projet de tombeau à la mémoire du père et de la mère du comte de Cheremetaf a été exécuté. Il fut exposé au salon de 1789. On ne sait pas même les dates du mausolée du capitaine Cook (2), et du projet de tombeau à Bayard (3). Voilà tout ce qu'on sait sur Pajou comme sculpteur funéraire. C'est assurément fort peu. Mais si on le juge d'après ces renseignements, il semble probable que son génie ne brillait pas en ce genre.

Gois. — Gois (1731-1823) érigea en 1771 à l'église de Saint-Eustache un petit monument à Jean-Fr.-Robert Secousse (4), curé de Saint-Eustache. Cette œuvre dont l'épitaphe est disparue, ne se compose plus que d'un médaillon ovale représentant le curé en costume ecclésiastique. Une draperie cache le côté droit supérieur. En bas, on voit un livre ouvert.

Le tombeau de Vassal, secrétaire du roi (5), également par Gois, est un exemple plus ambitieux du type médaillon. Il porte en effet un médaillon sur la face extérieure d'un sarcophage. Deux petits génies

<hr>

1. Envoyé à Saint-Nicolas-du-Chardonnet en 1818. Voir *Arch. mus. mon. fr.*, t. III, p. 208 et 307.

2. Autrefois à Méréville, route d'Orléans, *Dict. sculpt. fr.*, t. IV, p. 218.

3. Dessin à la plume à la bibliothèque de Grenoble.

4. Voir *Invent. Rich Art. fr. mon. rel.* Paris, t. III, p. 365.

5. Autrefois au couvent des Augustins-Déchaussés. Aujourd'hui à la chapelle de Saint-Joseph (au-dessus de la porte) de l'église Notre-Dame-des-Victoires. Voir Raunié, *Épit.*, t. I, p. 237.

pleurent sur la tombe. Celui de gauche, assis, regarde le médaillon et tient dans la main droite un flambeau renversé, pendant que l'autre génie est debout et s'appuye contre la pyramide de marbre noir qui sert de fond ; il porte à la main gauche un linceul qu'il laisse tomber et qui couvre une partie du médaillon. A côté, sont deux urnes fumantes.

Pierre Julien (1731-1804). — Le projet de tombeau (1) fait par Pierre Julien pour le maréchal Jourda de Vaux ne fut jamais exécuté en marbre, contrairement au désir exprimé par le maréchal dans son testament daté du 26 juillet 1788. Et le modèle en plâtre qui se trouvait dans l'atelier de Julien après son décès, est disparu.

Monot. — Monot, (1733-1803) sculpteur tout à fait secondaire, exécuta le monument de Félicité Brulard, duchesse d'Estrée, aujourd'hui disparu, sur lequel les archives du musée des Petits-Augustins (2) donnent des renseignements : « Des dames de Sainte-Marie, un petit mausolée en marbre exécuté par le citoyen Monot, représentant une femme que l'on croit être Mme de Sillery, ayant l'air de porter à l'Immortalité un portrait qui est celui d'Adélaïde-Félicité Boulard, duchesse d'Estrée » (note ; remise à Mme de Sillery de Senlis). C'est un exemple des plus intéressants du thème de l'Amitié qui plut tant à

---

1. Voir *Pierre Julien sculpteur, sa vie et son œuvre*, par André Pascal, Paris, 1904, p. 115.
2. *Arch. mus. mon. fr.*, t. II, p. 69 (année 1793).

l'époque. Monot avait exposé au salon de 1775 une esquisse de tombeau pour le marquis de Sourdis.

Poncet de Lyon (vers 1735-1788?). — Le tombeau de Louis de Boullenois et de sa femme, qui fut érigé en 1784 (1) aux Carmes de la place Maubert, fut exécuté à Rome par Poncet de Lyon. L'œuvre, assurément une des plus banales, se composait d'une énorme pyramide en marbre terre d'Espagne qui renfermait un sarcophage de marbre portor supporté par deux socles, l'un de marbre blanc, l'autre de marbre vert. Sur le sarcophage, se trouvait l'urne cinéraire. Une femme, symbolisant la Justice, est debout, près de l'urne. D'après la mauvaise gravure reproduite dans Millin, elle ressemble fort à la Niobé.

En 1774, Étienne d'Antoine (1737-1809) érigea le tombeau (2) de Mgr D. Inguimbert, qui se trouve à la chapelle de l'Hôtel-Dieu de Carpentras. Il se compose d'un sarcophage qui supporte le haut piédestal du buste du défunt. Aux deux côtés, assises dans les angles du piédestal, sont la Science et la Charité.

Au premier abord, il semble mal à propos de faire rentrer dans une étude de la sculpture funéraire le nom de Clodion. Cependant il fit, vers 1773 (3), le

---

1. Voir Millin, *Ant. nat.*, t IV, n° XLVI, pl. 4. Stanislas Lami donne la date de 1786 (*Dict. sculp. fr.*, t. IV, p. 269).

2. Voir *Les Monuments funéraires de la chapelle de l'Hôtel-Dieu à Carpentras*, par Pierre Parrocel (Réunion des Sociétés des Beaux-Arts des départements, 1900, p. 187-193).

3. Détruit à la Révolution, payé 22.000 livres par marché en date du 9 nov. 1772. Le modèle fut exposé au salon de 1773, voir *Dict. sculpt. fr.*, t. IV, p. 145.

tombeau de la comtesse d'Orsay, qui se trouvait autrefois dans l'ancienne chapelle funéraire des comtes d'Orsay, adossée à l'église d'Orsay. D'après le livret du salon de cette année, il se composait d'un bas-relief représentant une femme (la comtesse) sur le point d'expirer. Elle montre à son époux qui tâche de repousser la mort, le fils qu'elle lui laisse. Deux autres figures complètent le groupe : un ange qui s'élève dans les airs et un génie qui éteint la torche de l'hyménée. Le thème, c'est encore celui des tombeaux de lady Nightingale et du comte d'Harcourt, c'est-à-dire l'époux qui cherche à protéger sa femme contre la mort. Mais, conformément à l'esprit du temps, Clodion (1) a ajouté un autre élément : l'enfant (2). Comme l'œuvre de Pigalle, ce petit bas-relief est un exemple très curieux du tombeau dramatique conçu d'après la sentimentalité de l'époque.

---

1. Il fit aussi un projet de monument à l'acteur Larive qui se compose d'un cippe sur lequel une femme écrit l'épitaphe. A ses pieds se trouve un petit génie (voir *les Arts Sept.*, 1903).

2. Un passage des archives du Musée des Petits-Augustins nous montre une autre aspect de cette sentimentalité : l'Amour filial. « Du Calvaire du Mont-Valérien : un petit bas-relief en marbre représentant une allégorie dont il est intéressant de conserver la composition : c'est une rose penchée vers un bouton de la même tige qui, tombé sur la terre, en a été détaché. Le programme de cette allégorie est une mère affligée de la perte d'une fille quelle chérissait. Cette mère lui a fait ériger ce monument avec cette simple inscription : A Charlotte. Ce monument d'un genre peu commun chez nous a paru au citoyen Lenoir digne de la simplicité des Grecs et mériter d'être recueilli » (t. II, p. 317, année 1796).

Ignace Broche. — D'après Thiéry (1), Ignace Broche fut l'auteur du tombeau du marquis du Terrail, mort en 1760, qui se trouvait autrefois dans l'église des Theatins : « Sur un grand socle de marbre de Sainte-Anne, s'élève un sarcophage de marbre noir soutenu sur des griffes de bronze ; au-dessus, est une femme dans l'attitude de la douleur. Elle est appuyée sur un cippe où on lit ces mots : *lagete pauperes*. Près d'elle, est l'écusson du défunt. Il est renversé. Derrière est une pyramide surmontée d'une urne de bronze. L'épitaphe est gravée sur le sarcophage. »

Houdon. (1741-1828) — Les deux premiers mausolées exécutés par Houdon semblent être ceux (3) des princes Michel (4) Michai Cowitsch et d'Alexis-Demietricewisch Gallitzin dont les modèles furent exposés au Salon de 1773. Celui-là se compose d'un génie militaire appuyé sur une urne cinéraire, un flambeau éteint à la main : à ses pieds, est un trophée composé du casque, de l'épée et du bouclier du défunt. Une grande pyramide et deux cyprès servent de fond.

Dans le tombeau du prince Alexis, la Justice est appuyée sur une table destinée à recevoir l'inscrip-

---

1. *Guide des amateurs et des étrangers à Paris*, 1787, t. II, p. 537.

2. Aujourd'hui au musée du Louvre. Sculpture, n° 515. Voir *Fragments des mausolées du comte de Caylus et du marquis du Terrail du musée du Louvre*, par Courajod (*l'Art*, 1878, t. XV, p. 314-318).

3. Tous les deux à l'église de Notre-Dame-de-Kazan, Moscou.

4. Maquette au musée du Louvre, n° 1039.

tion ; sur le socle, qui porte cette figure, est une urne cinéraire avec une branche de cyprès.

Ces œuvres froides et banales furent suivies en 1775 par le modèle d'une chapelle sépulcrale (1) en mémoire de Louise-Dorothée, duchesse de Saxe-Gotha. Houdon a-t-il trouvé la formule gréco-romaine insuffisante à un grand ensemble ? En tout cas, il emploie dans cette œuvre l'allégorie de la mort. D'après le livret du Salon de 1775, on voyait, au fond de la chapelle, la porte du temple de la Mort qui « sous la figure d'un squelette, lève, pour en sortir, les rideaux dont elle est en partie voilée et se saisit avec précipitation de la duchesse. La duchesse, les cheveux épars, est couverte d'un linceul : elle doit exprimer son attachement pour tous ceux qui lui étaient alliés et son affection pour le peuple. » Cet exemple tardif du tombeau dramatique ne présente rien de nouveau, même ce thème du squelette qui entre par une porte est emprunté du Bernin et de Roubillac.

Le salon de 1777 (2) fait mention de deux esquisses de monument pour les princes Gallitzin, dont l'une

---

1. Commandée en 1771. Le modèle seul fut exécuté. Il se trouve au musée de Gotha. Guiard de Guyard avait aussi fait un modèle pour le tombeau de la duchesse, vers 1770, qui se trouve également au musée de Gotha. On ignore les causes qui en empêchèrent l'exécution. Voir *Dict. sculpt. fr.*, t. III, p. 390.

2. N° 254. Le n° 257, également par Houdon, représentait un serin couché sur son tombeau, exemple très curieux de la sentimentalité de l'époque. Il est intéressant de le rapprocher du petit tombeau de serin du musée de Cluny (n° 13129), attribué à Clodion, et du mausolée de Ninette par le même sculpteur.

se trouve actuellement au musée du Louvre (n° 1038). Ce haut relief, en terre cuite, qui est conçu, comme celui de la duchesse de Saxe, d'après les données dramatiques, représente un vieillard qui sort à demi de son sarcophage. Une femme qui rappelle un peu la Religion des tombeaux des cardinaux de Richelieu et de Fleury, soutient le mourant, pendant que quatre figures complètent le groupe.

On ne sait presque rien du tombeau érigé, entre 1779 et 1781, par Houdon à la mémoire du comte d'Ennery (1). Le musée des Petits-Augustins (2) possédait trois figures et un buste du comte qui faisaient partie de l'ensemble. Les figures qui étaient vêtues à la romaine, représentaient la comtesse d'Ennery, sa fille âgée alors de cinq ou six ans et la comtesse de Blot, sœur du comte. Le buste du comte était placé au bas du mausolée. Il est vrai que ces renseignements ne nous aident pas à reconstituer l'ensemble. Mais, d'après eux, il semble probable que le tombeau, au lieu d'être un groupe allégorique, n'était composé que d'effigies prises d'après nature. D'autre part, leurs vêtements « à la romaine » rappellent l'époque.

Claude Michallon (1751-1799) érigea, vers 1788, à l'église Santa Maria in Via Lata, Rome, le tombeau de Germain Drouais (3), peintre, qui se composait d'un

---

1. Autrefois dans l'église d'Ennery près de Pontoise (Seine-et-Oise).

2. Voir *Arch. mon. mus. fr.*, t. I. p. 216 et t. III, p. 48.

3. Voir *Arch. mus. mon. fr.*, t. III, p. 194 (année 1816) et p. 195 et *Dict. sculp. fr.*, t. IV, p. 134.

médaillon du défunt et d'un bas-relief représentant
la Peinture, la Sculpture et l'Architecture.

Avec Jacques-Philippe Le Sueur, (1759-1830) nous
voyons le triomphe définitif des nouvelles tendances.
C'est en 1780, quand le sculpteur n'avait que vingt et
un ans, qu'il fit pour le marquis de Girardin le tombeau de Jean-Jacques Rousseau (1) qui se trouve dans
l'île des Peupliers, Ermonville. De même que Rousseau
symbolise l'esprit nouveau, son tombeau est l'exemple le plus parfait de la sculpture funéraire pendant
la dernière période de son histoire. La forme de sarcophage choisie par Le Sueur est celle qu'on voit
dans les tombeaux de l'Empire romain et de l'art
chrétien des premiers siècles : c'est-à-dire, un sarcophage qui est surmonté aux quatre côtés par des
frontons et aux coins par des acrotères. Mais ce qui
est plus intéressant que la forme du sarcophage, ce
sont les figures qui le décorent. En voici une description qui se trouve sur une gravure de l'œuvre et
qui en explique mieux qu'une autre, l'esprit : « On
voit sur son tombeau, au pied d'un palmier, symbole
de la Fécondité, une femme assise soutenant d'une
main son fils qu'elle allaite et de l'autre le Livre de
l'Émile : derrière elle, des mères offrent des fleurs et
des fruits sur un autel érigé devant une statue de la
Nature ; de l'autre côté, un de leurs enfants (*sic*)

---

1. Voir *L'Iconographie de J.-J. Rousseau*, par le comte de
Girardin. Paris, 1908, in-4° p. 238 et suiv. Voir aussi *Le Mercure de
France*, décembre 1780. Le modèle en plâtre fut exposé au Salon
de 1791. Gravure par Godefroi.

met le feu à des maillots, des bandes de corps piqués de baleine, entraves du premier âge, tandis que les autres dansent et jouent avec un bonnet au haut d'une pique, symbole de la Liberté. A côté du bas-relief, on voit, sur l'un des deux pilastres, une figure de l'Harmonie tenant une lyre dont elle forme des accords et, sur l'autre, l'Éloquence tenant une flûte et un foudre, emblèmes de sa douceur et de sa puissance. Dans le fronton, est une couronne au milieu de laquelle on lit : « Vitam impendere vero. »

» Sur la face opposée à celle-ci, est gravée cette épitaphe : Ici repose l'Homme de la Nature et de la Vérité. Et sur les pilastres correspondants à ceux qu'on voit, on a sculpté la Nature, représentée par une mère allaitant deux enfants (*sic*) et la Vérité par une femme nue tenant un flambeau. Dans le fronton, deux colombes expirent sur des flambeaux fumants (*sic*) et renversés au pied de l'urne de Julie. Aux deux petites faces, terminant le tombeau, sont des vases lacrimatoires. »

Voilà le nouveau programme : sarcophage pseudo-antique décoré de bas-reliefs allégoriques, dont les sujets sont conçus d'après la sentimentalité et la philosophie du temps. Chose amusante, si on ne savait pas le sens symbolique de la femme aux deux enfants, on la prendrait volontiers pour la Charité.

Beaucoup plus tard, vers 1800, Le Sueur répétera dans le tombeau de Marie-Élisabeth Joly (1), cette

---

1. Érigé dans la propriété de M. Dulongbois, mari de la défunte, au sommet de la roche Saint-Quentin, au Monjoly, près de Falaise (Calvados). Modèle au Salon de 1800.

forme de sarcophage, et ce système de décoration.

Il reste à dire quelques mots à propos de deux sujets de Grand prix proposés par l'Académie en 1785, et en 1788. Le premier, qui fut remporté par Moreau, représentait « un monument sépulcral pour les souverains d'un grand empire, placé dans une enceinte dans laquelle on disposera des sépultures particulières pour les grands hommes de la nation » (1) : c'est-à-dire, une espèce de Panthéon sous les auspices des cendres royales. Le tombeau conçu par Moreau n'est que le mausolée d'Hadrien, couronné d'une coupole. Cet essai archéologique fut suivi, en 1788, par le sujet du « cénotaphe en l'honneur des navigateurs qui ont péri dans le voyage que fit M. de la Pérouse autour du monde ». Dans le dessin (2), pour lequel Vien reçut la médaille, on voit, au-dessus d'une grande plateforme semi-circulaire, un sarcophage de la même forme que celle employée par Le Sueur. L'ensemble est placé dans un paysage plein de rochers. Cet élément romantique se trouve aussi dans les deux œuvres de Le Sueur, qui sont placées, non pas dans une église, mais dans un emplacement pittoresque.

Nous voilà au bout (3) de notre étude. Avec l'année

---

1. Gravure par Prieur. Voir aussi 1° le mausolée en l'honneur de Newton. Médaille décernée par l'Académie à M. Delespine, 2° le dessin par Fontaine pour le 2° Grand prix, proposé par l'Académie, 3° la chapelle sépulcrale de M. La Barre. Prieur *fecit*.

2. Gravure par Prieur.

3. J'omets le singulier monument qu'est le tombeau de Joseph Sec, à Aix-en-Provence, parce qu'il date entre 1792 et 1794. Cette œuvre dont on ne connait pas les sculpteurs ou le sculpteur, est très embarrassante. On n'en trouve nulle part le prototype. Actuellement

1790, commence la période de la Révolution, qui continue le tombeau pseudo-antique, dont nous avons vu les origines. Dans l'histoire de la sculpture funéraire en France, les années de 1760 à 1790 constituent une période très mélangée. Elle n'est pas une période de transition, car elle ne prépare rien qui sera développé dans les années à venir. Avec le tombeau de Rousseau par Le Sueur, les tendances vers l'antiquité, que nous avons étudiées dans l'œuvre de Vassé, Coustou, Caffiéri et tant d'autres, atteignent leur perfection.

D'autre part, c'est pendant ces années que s'éteint la conception dramatique du tombeau dont nous avons étudié l'histoire. Nous avons vu que ses derniers exemples : les tombeaux du Dauphin, et du comte d'Harcourt, sont caractérisés par la sentimentalité de l'époque. Mais cette conception qui contenait beaucoup d'éléments païens, était au fond l'expression de la contre-réformation et ne pouvait survivre au changement de goût qui prenait naissance vers 1760. Introduite par le Bernin et Le Brun, elle ne fut pas comprise par beaucoup de sculpteurs avant 1690. Dans la période de transition, c'est le grand sculp-

---

elle se compose d'un mur décoré de 5 niches qui contiennent des statues de Deborah, du roi David, de Joseph tuant Sisara, de David tuant Goliath, et de la fille de Jephté. Aux deux extrémités et aux angles du mur, se trouvent deux niches également ornées de statues représentant le prêtre Aaron et le patriarche Noë. A l'extrémité du mur où on voit la statue d'Aaron, s'élève une espèce d'édifice classique contenant la statue du Christ et surmonté d'une autre statue. De chaque côté de cet édifice, se trouvent deux suppliants qui sont peut-être Joseph Sec et sa femme.

teur Le Gros, qui, peut-être à cause de son éduc-
tion italienne, a le mieux compris la grandeur de
cette nouveauté. Mais au XVIIIe siècle, viennent les
Slodtz, les Roubillac, et les Pigalle qui avec Le Gros
la portent au plus haut degré de perfection. En
revanche, déjà en 1743, dans le concours pour le
mausolée du cardinal de Fleury, on sent la décadence.
Le génie de Bouchardon était trop froid, son esprit
était trop semblable à celui de la seconde moitié du
siècle, pour concevoir un grand ensemble dramatique,
dont l'effet dépend en grande partie du style mouvementé. Il ne trouvait rien de mieux que d'imiter
les idées de Le Brun dans le tombeau de Richelieu.
Et ce qui est plus significatif encore, c'est que tous
les sculpteurs qui ont concouru, et trois d'entre eux
sont parmi les plus considérables de l'époque, ne
trouvent rien de mieux ! Enfin, de 1760 à 1790,
aux mains de Diderot et même de Pigalle, la conception prend une tournure sentimentale. Ainsi se
termine l'histoire de la seconde et en même temps,
de la dernière conception funéraire que l'art chrétien ait produite.

Vu et admis à soutenance
le 16 février 1912 :
*Le Doyen de la Faculté des Lettres
de l'Université de Paris,*
A. CROISET.

Vu et permis d'imprimer :
Le Vice-Recteur de l'Académie de Paris,
L. LIARD.

BIBLIOGRAPHIE

———

A

LA SCULPTURE FUNÉRAIRE

I

DOCUMENTS

Les Archives de l'Art français (V. « la Table générale
des documents contenus dans les Archives de l'Art
français et leurs annexes » (1851-1896), par Maurice
Tourneux. Paris, 1897, in-12).

1. AUDRAN (Benoît). — 1º Comptes de la gravure du
mausolée du duc de Bouillon (1709). (Nouvelles archives, I, p. 296.)

2º Documents relatifs du mausolée de la famille
de Bouillon, destiné à être érigé dans l'abbaye de Cluny (Saône-etLoire). (Revue de
l'Art français ancien et moderne, V, p. 329-
364, et VII, p. 323-343.)

2. COYSEVOX. — 1º Devis du tombeau de J.-B. Colbert, exécuté par Coysevox et Tuby sur les
dessins de Le Brun (1685), dans l'église Saint-
Eustache (Revue de l'Art français ancien et
moderne, VIII, p. 34).

2º Marché passé par Coysevox, Le Hongre et
Tuby, pour l'érection du tombeau de Mazarin,

(1689-1694). (Revue de l'Art français ancien
et moderne, IX, p. 69.)

3° Marché passé par Coysevox avec Louis de
Lorraine, comte d'Harcourt, pour le tombeau
de son père (1704). (Archives de l'Art
français, 1re série, p. 175.)

3. DUMONT (François). — 1° Marché passé par F. Dumont pour l'exécution d'un mausolée (1719).
(Nouvelles archives, V, p. 239.)

4. FLEURY (Cardinal de). — 1° Chanson sur les projets de tombeaux de —, exposés au Salon
de 1743, par Adam le Cadet, Bouchardon,
Ladatte, Lemoyne et Vinache (Archives de
l'Art français, 1re série, V, p. 62).

5. GIRARDON. — 1° Marché passé par Girardon pour
le tombeau de l'abbé de Castellan à Saint-
Germain-des-Prés (1678). (Revue de l'Art
français ancien et moderne, VI, p. 289.)

2° Arrêt du conseil relatif à l'expertise, par
Tuby, des travaux de Girardon pour le tombeau de Richelieu à la Sorbonne (1690).(Revue
de l'Art français ancien et moderne, VI,
p. 293.)

6. MIGNARD (Catherine). — Contrat passé par
C. Mignard, avec les Jacobins de la rue Saint-
Honoré, au sujet du tombeau de son père
(1735). (Nouvelles Archives, III, p. 510.)

7. PIGALLE (J.-B.). — Correspondance adminis-
trative et privée, relative au tombeau du maréchal de Saxe, exécuté par Pigalle, et à son
érection dans l'église Saint-Thomas de Strasbourg (1752-1783). (Revue de l'Art français
ancien et moderne, VIII, 164-234.)

8. SCOTIN (Gérard). — Somme payée à Scotin pour

la planche du mausolée de Monsieur, frère
unique du roi, à Saint-Denis (1701). (Revue
de l'Art français ancien et moderne, IV,
p. 139.)

« Abécédario de P.-J. Mariette et autres notes inédites
de cet amateur sur les Arts et les artistes », ouvrage
publié d'après les manuscrits autographes, etc., par
MM. Ph. de Chennevières, etc., 1853-1862, 6 vol. in-8°.

Inventaire des sculptures commandées au xviiiᵉ siècle
par la direction des bâtiments du roi (1720-1790), par
Marc Furcy Raynaud. Paris, 1909, 1 vol. in-8°

Inventaire des richesses d'art de la France.

1° Paris. Monuments religieux, t. I.

2° Archives du musée des monuments français,
3 volumes.

II

Études sur les artistes

Les Adam et Clodion, par H. Thirion. Paris, 1885, gr.
in-8°.

Les Frères Anguier, par Henri Stein (Réunion des
Sociétés des Beaux-Arts des départements, 1889,
p. 527-609).

Il Bernini, la Sua vita, la sua opera, il suo tempo con
prefazione di Adolfo Venturi, par Stanislas
Fraschetti. Milano, 1900, in-4°.

Le Bernin, par Marcel Reymond. Paris, 1911, in-8°.

Journal du voyage du cavalier Bernin en France, par
M. de Chantelou, édité par L. Lalanne. Paris,
1885, in-8°.

Nicolas Blasset, sculpteur amiénois, par A. Dubois. Amiens, 1862, in-8°.

Vie d'Edme Bouchardon, sculpteur du roi, par le comte de Caylus, 1762. Paris, in-12.

Edme Bouchardon, par Alphonse Roserot. Paris, 1910, in-4°.

Le sculpteur bisontin Luc-François Breton, sa vie et son œuvre, par M. J. Gauthier (Réunion des Soc. des Beaux-Arts des départements, 1899, p. 658).

Notice biographique sur Ch.-Antoine Bridan, statuaire, par Ch.-J. Viel. Paris, 1807 in-8°.

Les Caffieri, par J. Guiffrey (Gazette des Beaux-Arts, 1879).

Canova, par M. Quatremère de Quincy. Paris, 1834.

Canova, par Malamani. Milano, 1911, in-4°.

Michel-Ange Challe, dessinateur du cabinet du roi, par Henry de Chennevières (Gazette des Beaux-Arts, mai 1882, p. 505 et suiv.)

Vie de François Chauveau et de ses deux fils, Evrard peintre, et René sculpteur, par J.-M. Papillon. Paris, 1738 (réimprimée en 1854, brochure in-8°).

Les Cochin, par S. Rocheblave. Paris, 1893, in-8°.

Michel Colombe et la sculpture française de son temps, par Paul Vitry. Paris, 1901, in-4°.

Antoine Coysevox, sa vie, son œuvre et ses contemporains, par Henri Jouin. Paris, 1883, in-8°.

Antoine Coysevox et son dernier historien, par Courajod. Paris, 1884, in-8°.

François Cressent, sa vie et ses œuvres, par Robert Guerlin (Réunion des Soc. des Beaux-Arts des départements. Paris, 1892, p. 276-312).

Une famille d'artistes : les Dumont, par G. Vattier. Paris, 1890, 8°.

Notice historique sur la vie et les ouvrages de M. Houdon, sculpteur, par Quatremère de Quincy, 1829.

Houdon, sa vie et ses ouvrages, par A. de Montaiglon et J. Duplessis (Revue universelle des Arts, 1885, t. I, p. 156-185, 237-267, 317-350, 397-420, t. II. p. 441-454).

Mémoires sur la vie et l'œuvre de J.-A. Houdon, par E. Delérot et A. Legrelle (Mémoires de la société des Sciences morales des Lettres et des Arts de Seine-et-Oise, 1855).

Pierre Julien, sculpteur, sa vie et son œuvre, par André Pascal. Paris, 1904, in-8°.

Charles Le Brun, par Pierre Marcel. Paris, 1909, in-8°.

Charles Le Brun et les arts sous Louis XIV. Le premier peintre du roi, sa vie, son œuvre, par Henry Jouin. Paris, 1889, in-folio.

Le Sculpteur Pierre Le Gros, deuxième du nom, et le mausolée de la maison de Bouillon à Cluny, par Auguste Castan (Réunion des Sociétés des Beaux-Arts des départements, 1891, p. 370-386. Voir sa vie dans l'ouvrage, par Pascoli « Vite degli Scultori ». Roma, 1730, in-8°).

Vie ou éloge historique de Jean-Baptiste Lemoyne, par Dandré Bardon. Paris, 1779, in-8°.

Jean-Ange Maucord, par l'abbé Requin (Réunion des Sociétés des Beaux-Arts des départements, 1894, p. 107-170).

Mémoires inédits de Charles-Nicolas Cochin, sur le comte de Caylus, Bouchardon, les Slodtz, publiés par Charles Henry. Paris, 1880, in-8°.

Mémoires inédits sur la vie et les ouvrages des membres de l'Académie royale de Peinture et de Sculpture, publiés d'après les manuscrits conser-

vés à l'École impériale des Beaux-Arts, par
MM. L. Dussieux, E. Soulié, etc. Paris, 1854,
2 vol. in-8° (Vies de Le Brun, Sarrazin, Van
d'Obstal, Simon Guillain, Giles Guérin, Girardon, les Marsy, Lerambert, Le Hongre, Desjardins, Michel Anguier (t. I), Coysevox, Van
Clèves, Le Lorrain, Ladatte (t. II).

Le Sculpteur français Pierre-Étienne Monnot, notice sur
sa vie et ses ouvrages, par Auguste Castan
(Réunion des Sociétés des Beaux-Arts des
départements, 1887, p. 116-173).

Vie et ouvrages de L.-F. Roubillac, sculpteur lyonnais,
par Le Roi de Sainte-Croix. Paris, 1882, in-8°
(imprimé par the Metropolitan Printing C°
Limited, 283, Plough Court Fetter Lane,
Londres).

Voir aussi sur Roubillac :

1° Anecdotes of Painting in England, par Horace Walpole, 3 vol. in-8°. Londres, 1849, t. III, p. 759.

2° Lives of the most eminent British painters, sculptors
and architects, par Allan Cunningham. Londres,
1830-1833 (petit in-8°, 6 vol.), t. III, p. 31-64.

3° Eighteenth century Vignettes, par Austin Dobson,
2° série. Londres, 1907, in-12, p. 176-199.

4° Un sculpteur français en Angleterre au XVIII° siècle,
Roubillac, par L. Rosenthal (Revue d'histoire
moderne et contemporaine, 1899-1900 t. I,
p. 593-605).

Vie et les œuvres de Jean-Baptiste Pigalle, sculpteur,
par P. Tarbé. Paris, 1859, in-8°.

Jean-Baptiste Pigalle et son art, par S. Rocheblave
(Revue de l'Art ancien et moderne, 1902, p. 266
et 353).

Vie des fameux sculpteurs, par Dezallier-Dargenville.

Paris, 1787, t. II, in-8° (Vies de Girardon, Van
Clève, Le Lorrain, François Dumont, M. A.
Slodtz et Pigalle).

Jacques Saly, sculpteur du roi de Danemark, par Henri
Jouin (Gaz. des Beaux-Arts, juin 1895).

Études et notices sur les tombeaux

L'Épitaphier du Vieux Paris, par Émile Raunié. Paris,
3 volumes in-folio, 1890, 1893, 1901.

Recueil de tombeaux des quatre cimetières de Paris,
par C. P. Arnaud, 1817. Paris, 2 vol. in-4°.

Le Mausolée du duc de Bouillon à Cluny, par MM. Lex
et Martin (Réunion des Sociétés des Beaux-
Arts des départements, 1890, p. 476).

Le Tombeau de M.M. Castillon, dessiné par B. Picart
(Mercure de France, 1735, déc., 2° vol., p. 2806).

Les Monuments funéraires de la Chapelle de l'Hôtel-
Dieu à Carpentras, par Pierre Parrocel (Réunion
des Sociétés des Beaux-Arts des départements,
1900, p. 187-193).

La Pagode de Chanteloup et le tombeau du duc de
Choiseul, par M. Alfred Gabeau (Même journal,
1900, p. 193-207).

Le Tombeau de Colbert, par Coysevox et Tuby, par
MM. Jules Guiffrey et de Grouchy. Paris, 1891.

Le Mausolée de feu monseigneur le Dauphin et de
feue Mme la Dauphine, ordonné par le roi
Louis XV et érigé par Louis XVI dans la
cathédrale de Sens, par Dandré Bardon (Lu
en l'assemblée de l'Académie, le 2 août.
Paris, 1777).

Le Tombeau du Dauphin et de la Dauphine (Mercure
de France, 1769, juillet, 1er vol., p. 181).

Une Œuvre de Coysevox. Le tombeau de Henri de

Lorraine, comte d'Harcourt, par Gaston Brière (Revue d'histoire moderne et contemporaine, t. I, 1899-1900, p. 169-177).

Fragments des mausolées du comte de Caylus et du marquis de Terrail au musée du Louvre, par Courajod (l'Art, 1878, t. XV, p. 314-318).

Description du tombeau du cardinal de Fleury, par Dandré Bardon (Mercure de France, 1768, mars. — Vers sur le tombeau. Voir aussi le Mercure, 1768, juin).

Le Mausolée du cardinal de Fleury : deux maquettes d'Edme Bouchardon, par M. A. Roserot (Réunion des Soc. des Beaux-Arts des départements, 1893, p. 417).

Note sur le tombeau du cardinal de Fleury, par J.-B. Lemoyne, à propos d'un moulage du musée de Versailles, par M. Gaston Brière (Bulletin de la Société de l'histoire de l'Art français, 1908, 2ᵉ fasc., p. 113).

Le Mausolée de Girardou, dessiné par P. Mallerat (Mercure de France, 1735, juin 1ᵉʳ vol., p. 1183).

Les tombeaux des Guise à Eu, par Désiré Le Beuf (Revue de Rouen, 1842).

Le Monument du cardinal de Janson (Mercure de France, nov. 1738, p. 2449).

Le Mausolée de Lesdignières, mort en 1626, par P. Guillaume (Réunion des Sociétés des Beaux-Arts des départements, 1889, p. 824).

Les Tombeaux des Matignon à Torigne-sur-Vire, par M. A. Gasté (Réunion des Sociétés des Beaux-Arts des départements, 1900, p. 167-186).

Le Buste de Pierre Mignard du Musée du Louvre, par Louis Courajod, 1884 (Gazette des Beaux-Arts, février, p. 133).

Le Tombeau de Honoré du Mont, par Paul Vitry (Bulletin de l'histoire de l'Art français, 1910, 1er fasc., p. 46).

Les Anciens mausolées de l'église de Pierre-en-Bresse (Saône-et-Loire), par G. Guillon (Réunion des Sociétés des Beaux-Arts des départements, 1902, p. 255-262).

Une Maquette attribuée à Pigalle au musée de l'Armée, par M. Gaston Brière (Bulletin de l'Histoire de l'Art français, 1910 2e fasc., p. 196).

Le Mausolée du maréchal de Saxe, par J.-B Pigalle, par S. Rocheblave. Paris, 1901, in-8°.

Lettre à un ami sur les travaux du Louvre et sur le tombeau du maréchal de Saxe. Paris, 1756, chez Prault.

Les Tombeaux de Saint-Denis ou description de cette abbaye (par Abel Hugo). Paris, 1825, 5 vol. in-12.

Henriette Selincart, femme d'Israël Silvestre. Son portrait sur marbre peint, par Charles Le Brun, par Henri Jouin. Paris, 1890, gr. in-8° (extrait de l'Artiste, juillet 1890).

Le Mausolée dans la cathédrale de Vienne par le sculpteur Michel-Ange Slodtz, par M. G. Georges (Réunion des Beaux-Arts des départements, 1896, p. 325. Pour d'autres références encore, sur ces tombeaux particuliers, voir les tables des Réunions des Sociétés des Beaux-Arts des départements : a) Table de 1877 à 1896, par Henry Jouin. Paris, 1899; b) Table de 1897-1906, rédigée par M. Léon Charvet. Paris, 1909, p. 224-225).

III

OUVRAGES GÉNÉRAUX

Études d'ensemble

L'Art français au temps de Richelieu et de Mazarin, par Henry Lemonnier. Paris, 1893, in-12.

L'Art français sous Louis XIV (1661-1690), par le même auteur. Paris, 1911, in-12.

La Sculpture française, par Louis Gonse. Paris, 1895, in-folio.

Les Chefs-d'œuvre des musées de France, par le même auteur. Paris, 1904, in-folio.

L'Art français sous la Révolution et l'Empire, par Fr. Benoit. Paris, 1897, in-4°.

Hubert Robert et son temps, par C. Gabillot. Paris, 1892, in-4°.

La Fin du Classicisme et le retour à l'antique dans la seconde moitié du XVIII° siècle, par L. Bertrand. Paris, 1897, in-8°.

Les Artistes français à l'étranger, par Dussieux. Paris, 3° éd., 1876, in-8°.

Artisti francesi in Roma nel secoli, XV, XVI, et XVII, par A. Bertolotti. Mantua, 1886, in-8°.

La Sculpture à Troyes, par MM. Koechlin et Marquet de Vasselot, Paris, 1900, in-4°.

Leçons professées à l'École du Louvre, par Louis Coujarod, publiées par MM. Henry Lemonnier et André Michel, t. III, in-8°. Paris, 1903.

Les Antiquités nationales, par Millin. Paris, 1791-1892, 5 vol.

Le Musée impérial des monuments français (Histoire

des Arts en France et description chronologique), par Alexandre Lenoir. Paris, 1810, in-8°.

Histoire de l'Art chez les anciens par Winckelmann,
traduction française par Sellius, Paris, 1768,
et par Huber. Leipzig, 1787, 3 vol. in-8°.

La Sculpture florentine, par Marcel Reymond. Florence,
1900, IV, in-folio.

La Sculpture en Belgique aux xvii° et xviii° siècles,
par Henri Rousseau. Bruxelles, 1911, in-4°
(chapitre VIII, les tombeaux).

Dictionnaires, tables d'expositions, catalogues, etc.

Dictionnaire général des artistes de l'École française
depuis l'origine des arts du dessin jusqu'à nos
jours, par Bellier de la Chavignerie et Auvray.
Paris, 1882 et suiv., 2 vol. in-8°.

Dictionnaire des artistes, par l'abbé de Fontenai. Paris,
1776, 2 vol. in-8°.

Dictionnaire critique de biographie et d'histoire, par
A. Jal. Paris, 1872, in 8°.

Dictionnaire des sculpteurs de l'École française du
moyen âge au règne de Louis XIV, par Stanislas Lami, 1898. Paris, in-4°.

Dictionnaire des sculpteurs de l'École française sous le
règne de Louis XIV, par le même auteur. Paris,
1906, in-4°.

Dictionnaire des sculpteurs de l'École française au
xviii° siècle, par le même auteur. Paris, in-4°,
t. I, 1910, t. II, 1911.

Table générale des artistes ayant exposé aux Salons du
xviii° siècle, suivie d'une table de la bibliographie des Salons, précédée des notes sur les
anciennes expositions et d'une liste raisonnée

des Salons de 1801 à 1873, par J.-J. Guiffrey.
Paris, 1873 in-12.

Les Expositions sous Louis XV, par Paul Mantz (l'Artiste,
1857, et Nouvelle série, t. I, p. 142).

Le Livret de l'exposition faite en 1673, réimprimé avec
des notes et suivi d'un essai de bibliographie
des livrets et des critiques de Salons depuis
1673 jusqu'en 1851, par A. de Montaiglon.
Paris, 1852, in-8°.

Catalogue des dessins des musées du Louvre et de Versailles, par MM. Guiffrey et Marcel, t. II. Paris,
in-4°.

Guides et monographies

Nouvelle description de la ville de Paris, par Germain
Brice, éd. de 1717 et de 1725. Paris, 4 vol.
in-12.

Description de la ville de Paris, par Piganiol de la Force,
éd. de 1764. Paris, in-12.

Description de Versailles, par le même auteur. Paris,
5ᵉ éd., 1724, 2 vol. in-12.

Voyage pittoresque de Paris, par Dezallier-Dargenville.
Paris, 6ᵉ éd., 1778. Paris, in-12.

Nouvelle description des environs de Paris, par Dulaure.
Paris, 1790, in-12.

Guide des amateurs et des étrangers, voyageurs à Paris,
par Thiéry. Paris, 1787, in-12.

Histoire et recherches des antiquités de la Ville de
Paris, par Sauval. Paris, 1724, in-12.

Voyage d'un Français en Italie, par Lalande. Paris,
éd. de 1765-1766, de 1769 et de 1786, 9 vol.
in-12 (surtout t. IV et V sur Rome).

Nuovo Studio di Pittura, Scoltura ed Architettura nelle
chiese di Roma, par Titi. Roma, 1721, in-12.

Descrizione di Roma, par Titi, Roma éd. de 1763, in-12.

Voyage pittoresque et historique de l'Espagne, par Alex.-
　　　　Louis de La Borde, t. III (2ᵉ éd., 1807-1820, in-8ᵉ).

Cabinet des singularités d'architecture: peinture, sculp-
　　　　ture et gravure, etc., par Florent Le Comte.
　　　　Paris, 1700, 3 vol.

La Monographie de l'église-cathédrale Saint-Siffrein de
　　　　Carpentras, par E. Andreoli. Paris, 1862, gr.
　　　　in-8ᵉ.

Grenoble et Vienne, par Marcel Reymond, 1907. Paris,
　　　　in-4ᵒ.

Avignon, par André Hallays. Paris, in-4ᵒ.

B

LA CÉRÉMONIE FUNÈBRE

Les sources les plus importantes pour une étude des
pompes funèbres, ce sont naturellement les gravures
dont le Cabinet des estampes de la Bibl. nat. contient
un assez grande collection (Pe 13, Pe 14, Pe 15, Pe 16).
La Bibliothèque des Arts décoratifs aussi possède des
recueils (nᵒ 149, t. I, I *bis* et II). En dehors des
gravures, nous avons quelques références dans les
archives, et des descriptions des cérémonies, qui se
trouvent ou dans *le Mercure de France* ou dans des
opuscules particuliers.

I. — Documents

Les Archives de l'Art français :

　　BÉRAIN (J.-B.) (Sommes payées à) : 1ᵒ pour la pompe
　　　　funèbre de la reine d'Espagne (1689) ; (Revue
　　　　de l'Art fr. ancien et moderne, IV, p. 138) ;
　　　　2ᵒ pour la pompe funèbre de Monsieur

frère du roi. (Revue de l'Art. fr. ancien et
moderne, IV, p. 136-139.)

CAMOT ou CAMOS (André) (Sommes payées à) :
1° pour travaux à la pompe funèbre de Marie-
Thérèse de France (1683-1684) ; (Revue de
l'Art fr. ancien et moderne, III, p. 160,
162-163) ; 2° pour la pompe funèbre de la
reine d'Espagne (1689). (Revue de l'Art fr.
ancien et moderne, IV, p. 138.)

CHALLE (Ch.-Michel-Ange) (Somme payée à) : pour
travaux à la pompe funèbre de Louis XV
(1774). (Revue de l'Art fr. ancien et moderne,
II, p. 151.)

COCHIN (Charles-Nicolas) père, graveur (Somme
payée à), pour pl. de la pompe funèbre de
Catherine, reine de Pologne (1747). (Revue
de l'Art français ancien et moderne, IV, p. 337.)

LE HONGRE (Sommes payées à) pour travaux à la
pompe funèbre de la reine d'Espagne (1689).
(Revue de l'Art français ancien et moderne,
IV, p. 158.)

LEMPEREUR (Louis-Simon), graveur (Sommes payées
à), pour travaux de gravure à la pompe
funèbre de Louis XV (1774). (Revue de l'Art
français ancien et moderne, II, p. 151.)

MOREAU (Jean-Michel) (Somme payée à) pour le
dessin de la pompe funèbre de Louis XV
(1774). (Revue de l'Art français ancien et
moderne, II, p. 151.)

PAVILLON (Sommes payées à) : 1° pour travaux de
la pompe funèbre de Monsieur, frère unique du
roi (1701) ; (Revue de l'Art français ancien
et moderne, IV, p. 138-139.) 2° pour les
obsèques du grand Dauphin (1711). (Revue

de l'Art français ancien et moderne, IV,
p. 328.)

Sevin (Pierre-Paul) (Somme payée à), pour travaux
à la pompe funèbre de Marie-Thérèse de
France à Saint-Denis (1683). (Revue de l'Art
français ancien et moderne III, p. 161.)

Silvestre (Charles-Fr.) (Somme payée à) pour
deux tableaux exécutés lors de la pompe
funèbre de Monsieur, frère du roi (1701).
(Revue de l'Art français ancien et moderne,
IV, p. 139.)

Simon (Sommes payées à) : 1° pour travaux du service funèbre de Marie-Thérèse de France
à Notre-Dame (1683) ; (Revue de l'Art français ancien et moderne, III, p. 162.) 2° pour
la pompe funèbre de la reine d'Espagne
(1689). (Revue de l'Art français ancien et
moderne, IV, p. 138.)

Slodtz (Sébastien) (Sommes payées à) pour travaux
divers de la pompe funèbre de Monsieur,
frère du roi (1701).

Slodtz (Dominique-Fr.), peintre des Menus plaisirs (Somme payée à) pour travaux à la pompe
funèbre de Catherine, reine de Pologne (1747).
(Revue de l'Art français ancien et moderne,
IV, p. 337.)

Slodtz (Les frères) (Contestation entre) et l'intendant des Menus plaisirs (Revue de l'Art français ancien et moderne, II, p. 25-29 (1886),
III, p. 337 (1887).

II. — Descriptions

A. — *Mercure de France.*

1° La cérémonie funèbre de :

Mlle d'Orléans à Saint-Denis (1693, mai), p. 214-215 ;

Louis, archevêque de Bordeaux (1697, déc.), p. 146-152 ;

Monsieur, frère du roi (1701, juillet) ;

Marie de Verthamon, prieuré de Saint-Michel de Crépy-en-Valois (1701, août), p. 274-276 ;

La Duchesse de Luxembourg (1701, déc.), p. 225-238 ;

La Duchesse de Verneuil à Gien (1703, oct.), p. 12-34) ;

La Duchesse d'Aiguillon (1705, avril), p. 102-138.)

Le Prince de Bourbon (1709, avril), p. 337-344.

Le Dauphin et de la Dauphine (1712, avril), p. 228-240.

Le Dauphin et de la Dauphine (1712, mai), p. 219-249.

La Princesse Anne-Palatine (1723, mars), p. 537-544.

Le Roi d'Espagne (1724, déc.), 2e vol., p. 2783-2798.

Le Roi de Sardaigne (1733, février), p. 386.

La Reine de Sardaigne (1735, mai), p. 850-862.

Le Comte de Melun (1739, nov.), p. 2722-2731.

Le Duc de Bourbon (1740, février), p. 382-390.

Le Duc de Bourbon (1740, avril), p. 789-794.

Caroline, duchesse de Bourbon (1741, juin),
2ᵉ vol., p. 1472.

La Reine de Sardaigne (1741, oct.), p. 2326.

L'Abbesse de Fontevrault (1742, mai), p. 1263.

Le Cardinal de Fleury (1743, juin), 2ᵉ vol.,
p. 1450.

Louise-Adélaïde d'Orléans (1743, août), p. 1869,
1883.

Marie de France (1749, sept.), p. 117.

L'Infante d'Espagne (1760, mars), p. 199.

Le Roi Stanislas (1766, juin).

La Dauphine (1767, sept.).

Louis de Bourbon (1771, sept.), p. 205.

Louis XV (1744, sept.), p. 239.

Louis XV (1774, oct.), 1ᵉʳ vol., p. 218.

B. — *Descriptions particulières ou opuscules :*

Description du mausolée pour le très haut, très
puissant et très excellent prince Louis, faite à
Paris dans l'église Notre-Dame, le 1ᵉʳ mars
1766. Paris, 1766, in-4°.

Description du mausolée pour le très haut et très
puissant Stanislas, roi de Pologne. Paris,
1766, in-4°.

Description du mausolée pour Marie-Josephe-
Albertine de Saxe, dauphine de France, 3 sept.
1767. Paris, 1767, in-4°.

Description du mausolée de Marie Leczinska,
érigé en l'église de l'abbaye de Saint-Denis, le
11 août 1768. Paris, 1768, in-4°.

Lettres autographes de dom Pihau de la Forest,
bénédictin de l'abbaye de Saint-Denis, à son
père, relatant les cérémonies des obsèques de
Marie Leczinska. Paris, 1768, in-4°, 24 pages.

Description du mausolée érigé dans l'abbaye de

Saint-Denis, pour les obsèques de Louis XV, 27 juillet 1774. Paris, 1774, in-4°.

Description des honneurs funèbres rendus à Louis XV dans l'église Notre-Dame de Paris, 7 sept. 1774. Paris, 1774, in-4°.

Relation du service solennel fait dans l'église royale et nationale de Saint-Louis à Rome, pour Monseigneur Louis, dauphin de France, le vendredi XVIII° septembre MDCCXI, par M. de la Chausse. Rome, 1713, petit in-folio, 5 gravures par Frezza.

LISTE

DES

MONUMENTS FUNÉRAIRES

CITÉS DANS CET OUVRAGE

— Famille Créton, par Cressent (disparu), p. 86.

— Jean Palyart, *id.?*, p. 91.

Église Saint-Firmin. Famille Boistel, par Cressent († 1711) (disparu), p. 90.

Église Saint-Rémy. Nicolas de Lannoy et de sa femme par Blassel, p. 14.

Musée. Blassel le jeune, par Blassel, p. 14.

ANGERS. — *Cathédrale*. Jean de Beauneveu († 1502), p. 62.

ASNIÈRES-SUR-OISE. — *Église*. Comte d'Harcourt, par Coysevox († 1704) (autrefois à l'abbaye de Royaumont), p. 74-75.

AVIGNON. — *Église de Saint-Victor*. Gaspard Laurent († 1630), p. 36.

Musée Calvet. Gaspard de Simiane de la Coste, par Michel Péru, p. 36.

BAR-LE-DUC. — *Église Saint-Pierre*. Pierre de Chalons, par Ligier Richier († 1544), p. 62.

BEAUVAIS. — *Cathédrale*. Cardinal Janson, par Guillaume Ier Coustou, p. 124.

BORDEAUX. — *Cathédrale*. Antoine de Noailles († 1562), p. 61.

Église Saint-Bruno. Marquis de Dubois et de sa femme († 1631), p. 54.

BRUNOY. — *Église*. Jean-Paris Montmartel, par Pigalle (disparu), p. 187.

CAMBRAI — *Musée*. Fénelon (frag.), par J.-L. Lemoyne (1724), p. 123.

CARPENTRAS. —*Cathédrale*. Laurent Buty, par J. Bernus, p. 78.

Chapelle de l'Hôtel-Dieu. Monseigneur d'Inguimbert (1774), par E. d'Antoine, p. 206.

CAVAILLON. — *Cathédrale*. J.-B. de Sade de Mazan,

Lyon. — *Église des Carmélites.* Nicolas de Neufville par N. Bridan (disparu), p. 40.

Maigneyay. — *Église.* Pierre tombale (xvie s.), p. 60.

Maillebaye-sur-Seine (S.-Inf.). — *Chapelle du château.* Marquis de Beuvron, par Chauveau (disparu), p. 85.

Méréville. — Capitaine Cook, par Pajou (disparu), p. 204.

Montpellier. — *Église des Récollets.* Mlles Bonnier, par Dumont (✝ 1719), disparu, p. 104.

Moulins. — *Chapelle du lycée.* Henri de Montmorency, par Fr. Anguier (1651-1658), p. 18.

Nancy. — *Église de Bonsecours.* Catherine Opalinska, par Nicol.-Séb. Adam (1747-1749), p. 165.

— Duc d'Ossolinska, par Adam, p. 166.

— Marie Leczinska, par Vassé (1771), p. 19.

— Stanislas, roi de Pologne, par Vassé (1771), p. 191.

Musée lorrain. Jean de Porcelets (1679), par C. Bagard, p. 38.

Nantes. — *Cathédrale.* François II de Bretagne (1502-1507), par Michel Colombe, p. 8.

Orléans. — *Église Saint-Pierre de Martoi.* Joseph Benoit (disparu), par Robert le Lorraine (1720), p. 85.

Orsay. — *Chapelle des Comtes d'Orsay.* Comtesse d'Orsay, par Clodion (1772-1773), détruit, p. 207.

Paris. — *Chapelle du Collège des Écossais.* Jacques II d'Angleterre, par Louis Garnier (✝ 1703), p. 71.

Chapelle de Collège du Plessis. Sorbonne. Le prince René de Rohan-Soubise, par J.-B. Pigalle (disparu), p. 170.

— Antoine d'Aubrai (vers 1670-1677), par
M. Desjardins, n° 477 (autrefois au couvent
de l'Oratoire), p. 52.

— François Argouges (n° 1898), par Coysevox
(après 1691, autrefois à l'église Saint-Paul),
p. 73.

— François-Louis de Bourbon, par Nicolas
Coustou Ier (en 1705), autrefois à Saint-André-
des-Arts, n° 2860, p. 84.

Escalier des Bureaux de la Conservation.
Médaillon du tombeau de Nicolas Ménager,
par Simon Mazière (1715), autrefois à
Saint-Roch, p. 78.

VIENNE. — *Cathédrale.* Cardinaux de la Tour d'Auvergne, par Michel-Ange Slodtz (1740-1741),
p. 159-161.

II. — ÉTRANGER

ALLEMAGNE

FRITZLAU, près Cassel. — *Cloître.* François-Alexandre
Monnot (1728), par Pierre Monnot, p. 81.

BADEN-BADEN. — *Église collégiale.* Margrave de
Bade (1755), par J.-B. Pigalle, p. 172-173.

GOTHA. — *Musée.* Deux modèles de chapelle funéraire pour Louise Dorothée, duchesse de Saxe-
Gotha, par Houdon et Guiard de Guyard, p. 209.

ANGLETERRE

BISHAM ABBEY. — *Église.* Dame Margaret Hoby (vers
1600), p. 62.

ESPAGNE

ÉTATS-UNIS

Italie

RUSSIE

SAINT-PÉTERSBOURG. — Général Betski, par Pajou
(1767) (?), p. 203.

MOSCOU. — *Notre-Dame de Kazan*. Prince Michel
Michai Covitsch Gallitzin et Prince Alexis
Demetricewitch (vers 1773), par Houdon,
p. 208.

TABLE DES ILLUSTRATIONS

TABLE DES MATIÈRES

INTRODUCTION

La Sculpture funéraire en France depuis la Renaissance jusqu'en 1690

CHAPITRE PREMIER

La Sculpture funéraire en France de 1690 a 1720

CHAPITRE II

La Sculpture funéraire de 1720 a 1760

CHAPITRE III

La Période de 1760 a 1790.
Le Retour a l'antiquité

IMP. JOUVE ET Cⁱᵉ, 15, RUE RACINE, PARIS. — 1358-13